Cocina Antiinflamatoria
Sabor y Salud en Cada Bocado

María Fernández

INDICE

Porciones de galletas de desayuno rellenas: 10..17

Ingredientes:..17

Direcciones: 17

Porciones de batatas rellenas de huevo: 1..19

Ingredientes:..19

Direcciones: 19

Porciones de avena nocturna sin cocinar: 1..21

Ingredientes:..21

Direcciones: 21

Porciones de tazones cremosos de camote: 2 23

Ingredientes:..23

Direcciones: 23

Porciones de chocolate con cúrcuma: 2 25

Ingredientes:..25

Direcciones: 25

Porciones de Huevos Energéticos Rápidos y Picantes: 1.........................26

Ingredientes:..26

Direcciones: 26

Porciones de soufflés de queso cheddar y cebollino: 8 28

Ingredientes:..28

Direcciones: 29

Tortitas de trigo sarraceno con leche de almendras y vainilla Porciones: 1 30

Ingredientes:..30

Direcciones: 30

Porciones de hueveras de espinacas y queso feta: 3 32

Ingredientes: 32

Direcciones: 32

Frittata de desayuno Porciones: 2 34

Ingredientes: 34

Direcciones: 34

Tazón de burrito de pollo y quinua Porciones: 6 35

Ingredientes: 35

Direcciones: 36

Tostada De Aguacate Con Huevo Porciones: 3 37

Ingredientes: 37

Direcciones: 37

Porciones de avena almendrada: 2 38

Ingredientes: 38

Direcciones: 38

Porciones de panqueques choco-nana: 2 39

Ingredientes: 39

Direcciones: 39

Barra de avena y camote Porciones: 6 41

Ingredientes: 41

Direcciones: 42

Porciones de Hash Browns fáciles: 3 44

Ingredientes: 44

Direcciones: 44

Porciones de frittata de champiñones y espárragos: 1 46

Ingredientes: 46

Direcciones: 46

Cazuela de tostadas francesas en olla de cocción lenta Porciones: 9 48

Ingredientes: 48

Direcciones: 49

Porciones de pavo con tomillo y salvia: 4 50

Ingredientes: 50

Direcciones: 50

Batido de cereza y espinacas Porciones: 1 52

Ingredientes: 52

Direcciones: 52

Porciones de patatas para el desayuno: 2 54

Ingredientes: 54

Direcciones: 54

Porciones de Avena Instantánea con Plátano: 1 55

Ingredientes: 55

Direcciones: 55

Batido de plátano y mantequilla de almendras Porciones: 1 56

Ingredientes: 56

Direcciones: 56

Barra energética de chocolate y chía sin hornear Porciones: 14 57

Ingredientes: 57

Direcciones: 57

Tazón de desayuno con sabor a fruta y linaza Porciones: 1 59

Ingredientes: 59

Direcciones: 60

Porciones de avena para el desayuno en olla de cocción lenta: 8 61

Ingredientes: 61

Direcciones:..	61
Porciones de pan integral de centeno: 12	63
Ingredientes:...	63
Direcciones:..	64
Porciones de pudín de frambuesa, coco y chía: 4.....................	66
Ingredientes:...	66
Direcciones:..	66
Porciones de ensalada de desayuno de fin de semana: 4	67
Ingredientes:...	67
Direcciones:..	68
Delicioso arroz vegetariano con queso, brócoli y coliflor.	69
Ingredientes:...	69
Direcciones:..	70
Porciones de tostadas mediterráneas: 2	71
Ingredientes:...	71
Direcciones:..	71
Ensalada de camote para el desayuno Porciones: 2..................	73
Ingredientes:...	73
Direcciones:..	73
Porciones de tazas de desayuno falso Hash Brown: 8...............	74
Ingredientes:...	74
Direcciones:..	74
Porciones de tortilla de espinacas y champiñones: 2	76
Ingredientes:...	76
Direcciones:..	76
Wraps de lechuga con pollo y verduras Porciones: 2	79
Ingredientes:...	79

Direcciones: 80

Tazón de plátano y canela cremoso Porciones: 1 81

Ingredientes: 81

Buen cereal de arándano y canela Porciones: 2 82

Ingredientes: 82

Direcciones: 82

Tortilla de Desayuno Porciones: 2 84

Ingredientes: 84

Direcciones: 85

Porciones de pan de sándwich integral: 12 86

Ingredientes: 86

Direcciones: 86

Gyros de pollo desmenuzado 89

Ingredientes: 89

Direcciones: 90

Porciones de sopa de camote: 6 91

Ingredientes: 91

Direcciones: 91

Tazones de burrito de quinua: 93

Direcciones: 94

Broccolini de almendras Porciones: 6 95

Ingredientes: 95

Direcciones: 95

Plato de quinua: 97

Direcciones: 97

Porciones de ensalada de huevo Clean Eating: 2 99

Ingredientes: 99

Direcciones: 99
Porciones de chile con frijoles blancos: 4 100
Ingredientes: 100
Direcciones: 101
Porciones de atún con limón: 4 102
Ingredientes: 102
Direcciones: 102
Tilapia con Espárragos y Calabaza Bellota Porciones: 4 104
Ingredientes: 104
Direcciones: 104
Guarnición de pollo al horno con aceitunas, tomates y albahaca 106
Ingredientes: 106
Direcciones: 106
Porciones de pisto: 8 108
Ingredientes: 108
Direcciones: 108
Porciones de sopa de pollo y albóndigas: 4 110
Ingredientes: 110
Direcciones: 111
Ensalada De Repollo Naranja Con Vinagreta De Cítricos 112
Ingredientes: 112
Direcciones: 113
Porciones de tempeh y tubérculos: 4 114
Ingredientes: 114
Direcciones: 114
Porciones de sopa verde: 2 116
Ingredientes: 116

Direcciones: 117

Ingredientes del pan de pizza de pepperoni: 118

Direcciones: 119

Tazones para tacos de albóndigas: 120

Direcciones: 121

Zoodles de aguacate y pesto con salmón Porciones: 4 123

Ingredientes: 123

Direcciones: 123

Batatas con pollo, cúrcuma, manzana y cebolla 125

Ingredientes: 125

Porciones de filete de salmón chamuscado con hierbas: 4 127

Ingredientes: 127

Direcciones: 127

Porciones de tofu y verduras italianas de verano: 4 129

Ingredientes: 129

Direcciones: 129

Ensalada de fresas y queso de cabra Ingredientes 131

Direcciones: 131

Porciones de guiso de coliflor con cúrcuma y bacalao: 4 133

Ingredientes: 133

Direcciones: 134

Porciones de Delicias de Nueces y Espárragos: 4 135

Ingredientes: 135

Direcciones: 135

Ingredientes de la pasta Alfredo de calabacín: 136

Direcciones: 136

Ingredientes del pollo con pavo y quinua: 138

Direcciones:	139
Porciones de fideos con ajo y calabaza: 4	141
Ingredientes:	141
Direcciones:	142
Trucha al vapor con frijoles rojos y salsa de chile Tamaño de porción: 1	143
Ingredientes:	143
Direcciones:	144
Porciones de sopa de camote y pavo: 4	145
Ingredientes:	145
Direcciones:	146
Salmón a la parrilla con miso Porciones: 2	147
Ingredientes:	147
Direcciones:	147
Raciones de filete de hojaldre simplemente salteado: 6	149
Ingredientes:	149
Direcciones:	149
Sopa de Pescado Blanco con Verduras	151
Porciones: 6 a 8	151
Ingredientes:	151
Direcciones:	151
Raciones de mejillones al limón: 4	153
Ingredientes:	153
Direcciones:	153
Salmón, lima y chile Porciones: 2	154
Ingredientes:	154
Direcciones:	154

Porciones de pasta de atún con queso: 3-4 155
Ingredientes: 155
Direcciones: 155
Porciones de tiras de pescado con costra de coco: 4 157
Ingredientes: 157
Direcciones: 158
Porciones de pescado mexicano: 2 159
Ingredientes: 159
Direcciones: 159
Trucha con Salsa de Pepino Porciones: 4 161
Ingredientes: 161
Zoodles de limón con camarones Porciones: 4 163
Ingredientes: 163
Direcciones: 164
Porciones de camarones crujientes: 4 165
Ingredientes: 165
Direcciones: 165
Porciones de lubina a la plancha: 2 166
Ingredientes: 166
Direcciones: 166
Porciones de hamburguesas de salmón: 4 167
Ingredientes: 167
Direcciones: 167
Raciones de bacalao picante: 4 168
Ingredientes: 168
Direcciones: 168
Porciones de untable de trucha ahumada: 2 169

Ingredientes: 169

Direcciones: 169

Porciones de atún y chalotas: 4 171

Ingredientes: 171

Direcciones: 171

Camarones con pimienta al limón Porciones: 2 172

Ingredientes: 172

Direcciones: 172

Porciones de filete de atún caliente: 6 173

Ingredientes: 173

Direcciones: 173

Porciones de salmón cajún: 2 175

Ingredientes: 175

Direcciones: 175

Bowl de salmón con quinoa y verduras 176

Porciones: 4 176

Ingredientes: 176

Porciones de pescado empanizado: 4 178

Ingredientes: 178

Direcciones: 178

Porciones de hamburguesas individuales de salmón: 4 179

Ingredientes: 179

Direcciones: 180

Porciones de camarones palomitas de maíz: 4 181

Ingredientes: 181

Direcciones: 182

Porciones de pescado al horno picante: 5 183

Ingredientes: 183

Direcciones: 183

Porciones de atún al pimentón: 4 184

Ingredientes: 184

Direcciones: 184

Porciones de croquetas de pescado: 2 185

Ingredientes: 185

Direcciones: 185

Vieiras fritas con miel Porciones: 4 186

Ingredientes: 186

Direcciones: 186

Filetes de bacalao con setas shiitake Raciones: 4 188

Ingredientes: 188

Direcciones: 188

Porciones de lubina blanca a la plancha: 2 190

Ingredientes: 190

Direcciones: 190

Raciones de merluza con tomate al horno: 4-5 192

Ingredientes: 192

Direcciones: 192

Abadejo braseado con remolacha Porciones: 4 194

Ingredientes: 194

Porciones de fondant sincero de atún: 4 196

Ingredientes: 196

Direcciones: 196

Salmón Al Limón Con Lima Kaffir Porciones: 8 198

Ingredientes: 198

Direcciones: 198
Salmón tierno con salsa de mostaza Porciones: 2 200
Ingredientes: 200
Direcciones: 201
Porciones de ensalada de cangrejo: 4 202
Ingredientes: 202
Direcciones: 202
Salmón Al Horno Con Salsa Miso Porciones: 4 203
Ingredientes: 203
Direcciones: 203
Bacalao al horno recubierto de hierbas y miel Porciones: 2 205
Ingredientes: 205
Direcciones: 205
Porciones de mezcla de bacalao y parmesano: 4 207
Ingredientes: 207
Direcciones: 207
Porciones de camarones crujientes al ajillo: 4 208
Ingredientes: 208
Direcciones: 208
Porciones de mezcla cremosa para barra: 4 209
Ingredientes: 209
Direcciones: 209
Ahi Poke Pepino Porciones: 4 210
Ingredientes: 210
Porciones de mezcla de bacalao a la menta: 4 212
Ingredientes: 212
Direcciones: 212

Porciones de tilapia al limón y cremosa: 4 214

Ingredientes: 214

Direcciones: 214

Porciones de tacos de pescado: 4 216

Ingredientes: 216

Direcciones: 217

Porciones de mezcla de barra de jengibre: 4 218

Ingredientes: 218

Direcciones: 218

Porciones de galletas de desayuno rellenas: 10

Tiempo de cocción: 30 minutos

Ingredientes:

1 cucharada de aceite vegetal

¼ libra de salchicha de pavo

2 huevos batidos

Pimienta al gusto

10 onzas. galletas refrigeradas

Spray para cocinar

Direcciones:

1. En una sartén a fuego medio, vierte el aceite y cocina la salchicha por 5 minutos.

2. Transfiera a un tazón y reserve.

3. Cuece los huevos en la sartén y sazona con pimienta.

4. Añade los huevos al bol con la salchicha.

5. Coloca la masa para galletas en la freidora.

6. Cubra cada uno con la mezcla de huevo y salchicha.

7. Doblar y sellar.

8. Rocíe aceite.

9. Cocine en la freidora a 325 grados F durante 8 minutos.

10. Voltee y cocine por otros 7 minutos.

Porciones de batatas rellenas de huevo: 1

Tiempo de cocción: 25 minutos

Ingredientes:

Camote, cocido – 1

Huevos, grandes – 2

Queso cheddar rallado – 2 cucharadas

Cebolla verde, en rodajas – 1

Aceite de oliva virgen extra – 0,5 cucharada

Champiñones, cortados en cubitos – 2

Sal marina – 0,25 cucharadita

Direcciones:

1. Calienta el horno a 350 grados Fahrenheit y prepara una bandeja o plato pequeño para hornear para las patatas.

2. Corta el boniato cocido por la mitad y colócalo en la bandeja para hornear. Con una cuchara, retira con cuidado la pulpa de la patata de naranja de la cáscara, teniendo cuidado de dejar la cáscara intacta sin

romperla. Transfiera la pulpa de la papa a un tazón pequeño. Utilice un tenedor para triturar la pulpa de la batata en el bol.

3. Al camote en el bol, agregue el queso cheddar, la cebolla verde, el aceite de oliva y los champiñones. Mezcle la mezcla y luego regrésela a la piel de la batata en la bandeja para hornear.

4. Usa tu cuchara para crear un cráter o un pozo en el centro de cada mitad de papa, luego rompe un huevo en cada cráter. Espolvorea sal marina sobre la batata y el huevo.

5. Coloca la bandeja para hornear con las papas en el horno y déjalas cocinar hasta que el huevo esté cuajado a tu preferencia y la papa esté caliente, alrededor de quince a veinte minutos. Saca la bandeja del horno y disfrútalas frescas y calientes.

Porciones de avena nocturna sin cocinar: 1

Ingredientes:

1 ½ cucharadita. leche baja en grasa

5 piezas de almendras enteras

1 taza semillas de chia

2 cucharadas. Avena

1 taza pipas

1 cucharada. pasas

Direcciones:

1. En un frasco o botella con tapa, mezcle todos los ingredientes.

2. Refrigere durante la noche.

3. Disfruta del desayuno. Guárdelo en el refrigerador hasta por 3 días.

Información nutricional:Calorías: 271, Grasas: 9,8 g, Carbohidratos: 35,4 g, Proteínas: 16,7

g, Azúcares: 9 g, Sodio: 97 mg

Porciones de tazones cremosos de camote: 2

Tiempo de cocción: 7 minutos

Ingredientes:

Camote, al horno – 2

Leche de almendras, sin azúcar – 0,5 taza

Canela molida – 0,25 cucharadita

Extracto de vainilla – 0,5 cucharadita

Semilla de lino molida – 1 cucharada

Pasta de dátiles – 1 cucharada

Mantequilla de almendras – 2 cucharadas

Arándanos – 0,5 taza

Direcciones:

1. Quieres que las batatas asadas estén calientes, así que si ya han sido asadas y refrigeradas, recalienta las batatas cocidas en el microondas o en el horno antes de preparar los tazones.

2. Retire la piel del camote y coloque la pulpa de la papa en una licuadora con todos los demás ingredientes del tazón de camote excepto los

arándanos. Licue hasta que quede suave y cremoso, aproximadamente treinta segundos, luego transfiera el contenido a un tazón grande. Adorna el bol con los arándanos y, si lo deseas, un poco más de leche de almendras. Incluso puedes agregar granola, nueces o semillas, si quieres que quede crujiente.

Porciones de chocolate con cúrcuma: 2

Tiempo de cocción: 5 minutos

Ingredientes:

1 taza de leche de coco, sin azúcar

2 cucharaditas de aceite de coco, derretido

1½ cucharadas de cacao en polvo

1 cucharadita de cúrcuma molida

Una pizca de pimienta negra

Una pizca de pimienta de cayena

2 cucharaditas de miel cruda

Direcciones:

1. Poner la leche en un cazo, calentarla a fuego medio, añadir el aceite, el cacao en polvo, la cúrcuma, la pimienta negra, la cayena y la miel. Batir bien, cocinar por 5 minutos, verter en una taza y servir.

2. ¡Disfruta!

Información nutricional:calorías 281, grasa 12, fibra 4, carbohidratos 12, proteínas 7

Porciones de Huevos Energéticos Rápidos y Picantes: 1

Tiempo de cocción: 3 minutos

Ingredientes:

1 cucharada de leche

1 cucharadita de mantequilla derretida

2 huevos

Una pizca de hierbas y especias: eneldo seco, orégano seco, perejil seco, tomillo seco y ajo en polvo.

Direcciones:

1. Precalienta tu horno a 325°F. Mientras tanto, cubra el fondo de una bandeja para hornear con la leche y la mantequilla.

2. Rompe los huevos suavemente sobre la capa de leche y mantequilla. Espolvorea los huevos con hierbas secas y ajo en polvo.

3. Mete la bandeja en el horno. Hornee por 3 minutos o hasta que los huevos estén cuajados.

Información nutricional: Calorías 177 Grasas: 5,9 g Proteínas: 8,8 g Sodio: 157 mg Carbohidratos totales: 22,8 g Fibra dietética: 0,7 g

Porciones de soufflés de queso cheddar y cebollino: 8

Tiempo de cocción: 25 minutos

Ingredientes:

½ taza de harina de almendras

¼ de taza de cebollino picado

1 cucharadita de sal

½ cucharadita de goma xantana

1 cucharadita de mostaza molida

cucharadita de pimienta de cayena

½ cucharadita de pimienta negra triturada

¾ taza de crema espesa

2 tazas de queso cheddar rallado

½ taza de polvo para hornear

6 huevos orgánicos, separados

Direcciones:

1. Encienda el horno, luego ajuste la temperatura a 350°F y déjelo precalentar.

2. Tome un tazón mediano, agregue la harina, agregue el resto de los ingredientes excepto el polvo para hornear y los huevos, y bata hasta que se combinen.

3. Separar las yemas y las claras en dos tazones, agregar las yemas a la mezcla de harina y batir hasta incorporar.

4. Agregue el polvo de hornear a las claras y bata con una batidora eléctrica hasta que se formen picos rígidos, luego agregue las claras a la mezcla de harina hasta que estén bien combinadas.

5. Divida la masa en partes iguales entre ocho moldes y luego hornee por 25 minutos hasta que esté bien cocida.

6. Sirva inmediatamente o guárdelo en el refrigerador hasta que esté listo para comer.

<u>Información nutricional:</u>Calorías 288, Grasa total 21 g, Carbohidratos totales 3 g, Proteínas 14 g

Tortitas de trigo sarraceno con leche de almendras y vainilla Porciones: 1

Ingredientes:

½ cucharadita leche de almendras y vainilla sin azúcar

2-4 sobres de edulcorante natural

1/8 cucharadita. sal

½ taza de harina de trigo sarraceno

½ cucharadita polvo de hornear de doble acción

Direcciones:

1. Prepara un molde para crepes antiadherente y rocíalo con aceite en aerosol, colócalo a fuego medio.

2. Batir la harina de trigo sarraceno, la sal, el polvo para hornear y la stevia en un tazón pequeño y luego agregar la leche de almendras.

3. En la sartén, vierta una cucharada grande de masa, cocine hasta que ya no aparezcan burbujas en la superficie y toda la superficie luzca seca (2-4

minutos). Voltee y cocine por otros 2 a 4 minutos. Repita con toda la masa restante.

<u>Información nutricional:</u>Calorías: 240, Grasas: 4,5 g, Carbohidratos: 2 g, Proteínas: 11 g, Azúcares: 17 g, Sodio: 67 mg

Porciones de hueveras de espinacas y queso feta: 3

Tiempo de cocción: 25 minutos

Ingredientes:

Huevos, grandes – 6

Pimienta negra molida – 0,125 cucharadita

Cebolla en polvo – 0,25 cucharadita

Ajo en polvo – 0,25 cucharadita

Queso feta – 0,33 taza

Espinacas tiernas – 1,5 tazas

Sal marina – 0,25 cucharadita

Direcciones:

1. Calienta el horno a 350 grados Fahrenheit, coloca la rejilla en el centro del horno y engrasa un molde para muffins.

2. Distribuye las espinacas baby y el queso feta en el fondo de los doce moldes para muffins.

3. En un bol, mezcle los huevos, la sal marina, el ajo en polvo, la cebolla en polvo y la pimienta negra hasta que la clara del huevo se convierta completamente en una yema. Vierta el huevo sobre las espinacas y el queso en los moldes para muffins, llenándolos hasta las tres cuartas partes de su capacidad. Coloca la sartén en el horno hasta que los huevos estén completamente cocidos, aproximadamente de dieciocho a veinte minutos.

4. Retire las hueveras de espinacas y queso feta del horno y sírvalas calientes o deje que los huevos se enfríen completamente a temperatura ambiente antes de refrigerarlos.

Frittata de desayuno Porciones: 2

Tiempo de cocción: 20 minutos

Ingredientes:

1 cebolla, picada

2 cucharadas de pimiento rojo, picado

¼ de libra de salchicha de pavo para el desayuno, cocida y desmenuzada 3 huevos batidos

Una pizca de pimienta de cayena

Direcciones:

1. Mezclar todos los ingredientes en un bol.

2. Vierta en una fuente para hornear pequeña.

3. Agregue la fuente para hornear a la canasta de la freidora.

4. Cocine en la freidora durante 20 minutos.

Tazón de burrito de pollo y quinua Porciones: 6

Tiempo de cocción: 5 horas

Ingredientes:

1 libra de muslos de pollo (sin piel y deshuesados)

1 taza de caldo de pollo

1 lata de tomates cortados en cubitos (14.5 oz)

1 cebolla (picada)

3 dientes de ajo (picados)

2 cucharaditas de chile en polvo

½ cucharadita de cilantro

½ cucharadita de ajo en polvo

1 pimiento (finamente picado)

15 oz de frijoles pintos (escurridos)

1 ½ tazas de queso cheddar (rallado)

Direcciones:

1. Combine el pollo, los tomates, el caldo, la cebolla, el ajo, el chile en polvo, el ajo en polvo, el cilantro y la sal. Pon la olla a fuego lento.

2. Retirar el pollo y desmenuzarlo en trozos con tenedor y cuchillo.

3. Regrese el pollo a la olla de cocción lenta y agregue la quinua y los frijoles pintos.

4. Pon la olla a fuego lento durante 2 horas.

5. Agregue el queso encima y continúe cocinando, revolviendo suavemente, hasta que el queso se derrita.

6. Servir.

Información nutricional:Calorías 144 mg Grasa total: 39 g Carbohidratos: 68 g Proteínas: 59 g Azúcar: 8 g Fibra 17 g Sodio: 756 mg Colesterol: 144 mg

Tostada De Aguacate Con Huevo Porciones: 3

Tiempo de cocción: 0 minutos

Ingredientes:

1½ cucharaditas de ghee

1 rebanada de pan, sin gluten y tostado

½ aguacate, en rodajas finas

Un puñado de espinacas

1 huevo revuelto o escalfado

Una pizca de hojuelas de pimiento rojo

Direcciones:

1. Unte el ghee sobre el pan tostado. Adorne con las rodajas de aguacate y las hojas de espinaca. Coloca encima un huevo revuelto o escalfado. Termine la decoración con una pizca de hojuelas de pimiento rojo.

<u>Información nutricional:</u>Calorías 540 Grasas: 18 g Proteínas: 27 g Sodio: 25 mg Carbohidratos totales: 73,5 g Fibra dietética: 6 g

Porciones de avena almendrada: 2

Tiempo de cocción: 0 minutos

Ingredientes:

1 taza de copos de avena a la antigua

½ taza de leche de coco

1 cucharada de jarabe de arce

¼ taza de arándanos

3 cucharadas de almendras picadas

Direcciones:

1. En un bol, mezcla la avena con la leche de coco, el sirope de arce y las almendras. Cubrir y dejar reposar durante la noche. Servir al día siguiente.

2. ¡Disfruta!

Información nutricional:calorías 255, grasa 9, fibra 6, carbohidratos 39, proteínas 7

Porciones de panqueques choco-nana: 2

Tiempo de cocción: 6 minutos

Ingredientes:

2 plátanos grandes, pelados y triturados

2 huevos grandes, criados en pastos

3 cucharadas de cacao en polvo

2 cucharadas de mantequilla de almendras

1 cucharadita de extracto puro de vainilla

1/8 cucharadita de sal

Aceite de coco para engrasar

Direcciones:

1. Precalienta una sartén a fuego medio-bajo y engrasa la sartén con aceite de coco.

2. Coloque todos los ingredientes en un procesador de alimentos y mezcle hasta que quede suave.

3. Vierta la masa (aproximadamente ¼ de taza) en el molde y forme un panqueque.

4. Cocine por 3 minutos por cada lado.

Información nutricional: Calorías 303 Grasa total 17 g Grasa saturada 4 g Carbohidratos totales 36 g Carbohidratos netos 29 g Proteína 5 g Azúcar: 15 g Fibra: 5 g Sodio: 108 mg Potasio 549 mg

Barra de avena y camote Porciones: 6

Tiempo de cocción: 35 minutos

Ingredientes:

Camote, cocido, triturado – 1 taza

Leche de almendras, sin azúcar – 0,75 taza

huevo – 1

Pasta de dátiles – 1,5 cucharadas

Extracto de vainilla – 1,5 cucharaditas

Bicarbonato de sodio – 1 cucharadita

Canela molida – 1 cucharadita

Clavo molido – 0,25 cucharadita

Nuez moscada molida – 0,5 cucharadita

Jengibre molido – 0,5 cucharadita

Semillas de lino molidas – 2 cucharadas

Proteína en polvo – 1 porción

Harina de coco – 0,25 taza

Harina de avena - 1 taza

Coco seco, sin azúcar – 0,25 taza

Nueces, picadas – 0,25 taza

Direcciones:

1. Caliente el horno a 375 grados Fahrenheit y forre una fuente para hornear cuadrada de veinte por ocho pulgadas con papel pergamino. Desea dejar papel pergamino a los lados del molde para levantarlo una vez que las barras estén horneadas.

2. En su batidora, agregue todos los ingredientes de la barra de avena y camote excepto el coco desecado y las nueces picadas.

Deje que la mezcla pulse durante unos momentos hasta que esté suave, luego detenga la licuadora. Es posible que tengas que raspar los lados de la licuadora y luego licuar nuevamente.

3. Vierta el coco y las nueces en la masa y luego mézclelos con una espátula. No vuelvas a mezclar la mezcla, ya que no querrás que estas piezas se mezclen. Vierta la mezcla de barra de avena y batata en el molde preparado y extiéndala.

4. Coloque la bandeja para barras de avena y camote en el medio del horno y déjela cocinar hasta que las barras estén cocidas, aproximadamente veintidós.

a los veinticinco minutos. Retire el plato del horno. Coloque una rejilla para enfriar al lado de la fuente para hornear, luego sostenga suavemente el papel de cocina por el saliente y levántelo con cuidado de la fuente y colóquelo en la rejilla para que se enfríe. Deje que las barras de avena y camote se enfríen completamente antes de cortarlas.

Porciones de Hash Browns fáciles: 3

Tiempo de cocción: 35 minutos

Ingredientes:

croquetas de patata ralladas, congeladas – 1 libra

Huevos – 2

Sal marina – 0,5 cucharadita

Ajo en polvo – 0,5 cucharadita

Cebolla en polvo – 0,5 cucharadita

Pimienta negra molida – 0,125 cucharadita

Aceite de oliva virgen extra – 1 cucharada

Direcciones:

1. Comience calentando su plancha para gofres.

2. En un recipiente de cocina, bata los huevos para descomponerlos y luego agregue el resto de los ingredientes. Dóblalos todos juntos hasta que la papa esté cubierta uniformemente con el huevo y los condimentos.

3. Engrasa tu plancha para gofres y esparce un tercio de la mezcla de hash brown sobre ella. Ciérralo y deja que las patatas se cocinen por dentro hasta

que estén doradas, unos doce a quince minutos. Una vez en el fondo, retire con cuidado el hash brown con un tenedor y luego continúe cocinando otro tercio de la mezcla y luego el último tercio.

4. Puedes guardar las croquetas de patata cocidas en el refrigerador y luego recalentarlas en la plancha para gofres o en el horno para que vuelvan a estar crujientes más tarde.

Porciones de frittata de champiñones y espárragos: 1

Hora de cocinar:

Ingredientes:

Huevos – 2

Puntas de espárragos – 5

Agua – 1 cucharada

Aceite de oliva virgen extra – 1 cucharada

Champiñones, en rodajas – 3

Sal marina – pizca

Cebolla verde, picada – 1

Queso de cabra, semiblando – 2 cucharadas

Direcciones:

1. Calienta tu horno a la temperatura de grill mientras preparas tu frittata. Prepare las verduras, deseche el extremo duro de los espárragos y luego corte las puntas en trozos pequeños.

2. Engrase una sartén para horno de siete a ocho pulgadas y colóquela a fuego medio. Agrega los champiñones y déjalos saltear durante dos minutos antes de añadir los espárragos y cocinar durante dos minutos más. Una vez que se complete la cocción, distribuya las verduras uniformemente por el fondo de la sartén.

3. En un recipiente de cocina pequeño, mezcle los huevos, el agua y la sal marina y luego vierta sobre las verduras salteadas. Espolvoree la cebolla verde picada y el queso de cabra desmenuzado sobre la frittata.

4. Deje que la sartén continúe cocinándose en la estufa de esta manera sin tocarla hasta que los huevos revueltos en la frittata comiencen a asentarse en los bordes y a separarse de los lados de la sartén. Levante con cuidado la sartén y gírela con suaves movimientos circulares para que el huevo se cocine de manera uniforme.

5. Transfiere tu frittata al horno y cocina debajo de la caldera hasta que el huevo esté completamente cocido, otros dos o tres minutos. Vigila el huevo de tu frittata para que no se cocine demasiado. Una vez lista, retírala del horno, transfiere la frittata a un plato y disfrútala caliente.

Cazuela de tostadas francesas en olla de cocción lenta Porciones: 9

Tiempo de cocción: 4 horas

Ingredientes:

2 huevos

2 claras de huevo

1 ½ leche de almendras o leche al 1%

2 cucharadas de miel cruda

1/2 cucharadita de canela

1 cucharadita de extracto de vainilla

9 rebanadas de pan

Para rellenar:

3 tazas de manzanas (cortadas en cubitos)

2 cucharadas de miel cruda

1 cucharada de jugo de limón

1/2 cucharadita de canela

1/3 taza de nueces pecanas

Direcciones:

1. Ponga los primeros seis elementos en un bol y mezcle.

2. Engrase la olla de cocción lenta con aceite en aerosol antiadherente.

3. Mezcle todos los ingredientes del relleno en un tazón pequeño y reserve. Cubra bien los trozos de manzana con el relleno.

4. Cortar las rebanadas de pan por la mitad (triángulo), luego colocar tres rodajas de manzana en el fondo y un poco de lima encima. Coloque las rebanadas de pan y el relleno en capas siguiendo el mismo patrón.

5. Poner la masa de huevo sobre las capas de pan y relleno.

6. Ponga la olla a temperatura alta durante 2 ½ horas o a temperatura baja durante 4 horas.

<u>Información nutricional:</u>Calorías 227 Grasa total: 7 g Carbohidratos: 34 g Proteínas: 9 g Azúcar: 19 g Fibra 4 g Sodio: 187 mg

Porciones de pavo con tomillo y salvia: 4

Tiempo de cocción: 25 minutos

Ingredientes:

1 libra de pavo molido

½ cucharadita de canela

½ cucharadita de ajo en polvo

1 cucharadita de romero fresco

1 cucharadita de tomillo fresco

1 cucharadita de sal marina

2 cucharaditas de salvia fresca

2 cucharadas de aceite de coco

Direcciones:

1. Combine todos los ingredientes excepto el aceite en un tazón.

Refrigere durante la noche o durante 30 minutos.

2. Vierta el aceite en la mezcla. Forme cuatro hamburguesas con la mezcla.

3. En una sartén ligeramente engrasada a fuego medio, cocine las hamburguesas durante 5 minutos por cada lado o hasta que el centro ya no esté rosado. También puedes cocinarlos horneándolos durante 25

minutos a 400°F.

Información nutricional:Calorías 284 Grasas: 9,4 g Proteínas: 14,2 g Sodio: 290 mg Carbohidratos totales: 36,9 g Fibra dietética: 0,7 g

Batido de cereza y espinacas Porciones: 1

Tiempo de cocción: 0 minutos

Ingredientes:

1 taza de kéfir natural

1 taza de cerezas congeladas, sin hueso

½ taza de espinacas tiernas

¼ taza de puré de aguacate maduro

1 cucharada de mantequilla de almendras

1 pieza de jengibre pelado (1/2 pulgada)

1 cucharadita de semillas de chía

Direcciones:

1. Coloca todos los ingredientes en una licuadora. Pulse hasta que quede suave.

2. Dejar enfriar en el frigorífico antes de servir.

Información nutricional: Calorías 410 Grasa total 20 g Carbohidratos totales 47 g Carbohidratos netos 37 g Proteína 17 g Azúcar 33 g Fibra: 10 g Sodio: 169 mg

Porciones de patatas para el desayuno: 2

Tiempo de cocción: 15 minutos

Ingredientes:

5 patatas, cortadas en cubos

1 cucharada de aceite

½ cucharadita de ajo en polvo

¼ cucharadita de pimienta

½ cucharadita de pimentón ahumado

Direcciones:

1. Precaliente su freidora a 400 grados F durante 5 minutos.

2. Echa las patatas en el aceite.

3. Sazone con ajo en polvo, pimienta y pimentón.

4. Agregue las papas a la canasta de la freidora.

5. Cocine en la freidora durante 15 minutos.

Porciones de Avena Instantánea con Plátano: 1

Ingredientes:

1 plátano maduro, triturado

½ cucharadita el agua

½ cucharadita harina de avena

Direcciones:

1. Mida la avena y el agua en un recipiente apto para microondas y mezcle.

2. Coloca el recipiente en el microondas y caliéntalo a temperatura alta durante 2 minutos.

3. Retire el recipiente del microondas, agregue el puré de plátano y disfrute.

Información nutricional:Calorías: 243, Grasas: 3 g, Carbohidratos: 50 g, Proteínas: 6 g, Azúcares: 20 g, Sodio: 30 mg

Batido de plátano y mantequilla de almendras

Porciones: 1

Ingredientes:

1 cucharada. mantequilla de almendras

½ cucharadita cubos de hielo

½ cucharadita espinacas envasadas

1 plátano mediano, pelado y congelado

1 c/u. leche desnatada

Direcciones:

1. En una licuadora de alta potencia, mezcle todos los ingredientes hasta que queden suaves y cremosos.

2. Sirve y disfruta.

Información nutricional: Calorías: 293, Grasas: 9,8 g, Carbohidratos: 42,5 g, Proteínas: 13,5

g, Azúcares:12 g, Sodio:111 mg

Barra energética de chocolate y chía sin hornear Porciones: 14

Tiempo de cocción: 0 minutos

Ingredientes:

1 ½ tazas de dátiles envasados y sin hueso

1/taza de coco rallado sin azúcar

1 taza de nueces crudas en trozos

1/4 taza (35 g) de cacao natural en polvo

1/2 taza (75 g) de semillas de chía enteras

1/2 taza (70 g) de chocolate amargo picado

1/2 taza (50 g) de avena

1 cucharadita de extracto puro de vainilla, opcional, realza el sabor 1/4 cucharadita de sal marina sin refinar

Direcciones:

1. Licue los dátiles en una licuadora hasta que se forme una pasta espesa.

2. Agregue las nueces y revuelva para combinar.

3. Poner el resto de la fijación y mezclar hasta que se forme una pasta espesa.

4. Forrar un molde rectangular tapado con papel pergamino. Coloque bien la mezcla en la sartén y colóquela directamente en todos los rincones.

5. Colocar en el congelador hasta medianoche, al menos durante unas horas.

6. Retirar de la sartén y cortar en 14 tiras.

7. Colocar en el frigorífico o en un recipiente hermético.

Información nutricional: Azúcar 17 g Grasa: 12 g Calorías: 234 Carbohidratos: 28 g Proteínas: 4,5 g

Tazón de desayuno con sabor a fruta y linaza

Porciones: 1

Tiempo de cocción: 5 minutos

Ingredientes:

Para la papilla:

taza de linaza, recién molida

¼ cucharadita de canela molida

1 taza de leche de almendras o coco

1 plátano mediano, triturado

Una pizca de sal marina fina

Para los aderezos:

Arándanos, frescos o descongelados

Nueces, picadas crudas

Sirope de arce puro (opcional)

Direcciones:

1. En una cacerola mediana a fuego medio, combine todos los ingredientes de la papilla. Revuelva constantemente durante 5 minutos, o hasta que la papilla se espese y hierva.

2. Transfiera la papilla cocida a un tazón para servir. Cubra con los aderezos y rocíe con un poco de jarabe de arce si lo desea un poco más dulce.

Información nutricional: Calorías 780 Grasas: 26 g Proteínas: 39 g Sodio: 270 mg Carbohidratos totales: 117,5 g

Porciones de avena para el desayuno en olla de cocción lenta: 8

Ingredientes:

4 habitaciones. leche de almendras

2 sobres de stevia

2 habitaciones. avena cortada en acero

1/3 cucharadita. orejones picados

4 habitaciones. el agua

1/3 cucharadita. cerezas secas

1 taza canela

1/3 cucharadita. uvas pasas

Direcciones:

1. En una olla de cocción lenta, mezcle bien todos los ingredientes.

2. Cubra y ponga a fuego lento.

3. Cocine por 8 horas.

4. Puedes programarlo la noche anterior para que por la mañana tengas listo el desayuno.

Información nutricional:Calorías: 158,5, Grasas: 2,9 g, Carbohidratos: 28,3 g, Proteínas: 4,8

g, Azúcares: 11 g, Sodio: 135 mg

Porciones de pan integral de centeno: 12

Tiempo de cocción: 2 horas, 30 minutos

Ingredientes:

Harina de pan integral de centeno – 3 tazas

Harina de trigo integral – 1 taza

Harina de maíz - 0,5 taza

Cacao en polvo – 1 cucharada

Levadura seca activa – 1 cucharada

Semillas de alcaravea – 2 cucharaditas

Sal marina - 1,5 cucharaditas

Agua tibia: 1,5 tazas, cantidad dividida

Pasta de dátil – 0,25 taza, dividida

Aceite de aguacate – 1 cucharada

Puré de batatas – 1 taza

Huevo batido – 1 clara de huevo + 1 cucharada de agua

Direcciones:

1. Prepare un molde para pan de nueve por cinco pulgadas cubriéndolo con papel pergamino y luego engrasándolo ligeramente.

2. En una cacerola, mezcle una taza de agua con la harina de maíz hasta que esté caliente y espesa, aproximadamente cinco minutos. Asegúrate de seguir revolviendo mientras se calienta para evitar grumos. Una vez que esté espesa, retira la sartén del fuego y agrega la pasta de dátiles, el cacao en polvo, las semillas de alcaravea y el aceite de aguacate. Deja la sartén a un lado hasta que el contenido se haya enfriado y esté tibio.

3. Agregue la media taza restante de agua tibia a un plato grande para mezclar con la levadura, revolviendo hasta que la levadura se disuelva. Deje reposar esta mezcla de pan de centeno durante unos diez minutos hasta que haya florecido y formado burbujas hinchadas.

Es mejor hacerlo en un lugar cálido.

4. Una vez que la levadura haya florecido, agregue la mezcla tibia de harina de maíz y agua al plato para mezclar, junto con el puré de batatas.

Una vez que los líquidos y la papa estén combinados, agregue las harinas integrales y de pan integral de centeno. Amasar la mezcla durante diez minutos, preferiblemente con una batidora y un gancho para amasar. La masa esta lista cuando forme una bola cohesiva, suave y que se separe de los bordes del recipiente para mezclar.

5. Retire el gancho para masa y cubra el recipiente para mezclar con plástico de cocina o un paño limpio y húmedo. Coloque el plato para mezclar de la cocina en un lugar cálido para que suba hasta que la masa haya duplicado su tamaño, aproximadamente una hora.

6. Calienta tu horno a 375 grados Fahrenheit para preparar el pan.

7. Dale a la masa una bonita forma de tronco y colócala en el molde para pan preparado. Batir el huevo batido y luego usar una brocha de repostería para untarlo ligeramente sobre el pan preparado. Si lo desea, use un cuchillo afilado para marcar el pan y darle un diseño decorativo.

8. Coloca el pan en el medio del horno caliente y déjalo hornear hasta que adquiera un hermoso color oscuro y cuando lo golpees haga un sonido hueco, aproximadamente una hora. Retire el pan de centeno del horno y déjelo enfriar en el molde durante cinco minutos antes de retirar el pan de centeno del molde y transferir el pan a una rejilla para continuar enfriando. No cortes el pan hasta que se haya enfriado por completo.

Porciones de pudín de frambuesa, coco y chía: 4

Tiempo de cocción: 0 minutos

Ingredientes:

¼ de taza de semillas de chía

½ cucharada de stevia

1 taza de leche de coco, sin azúcar, entera

2 cucharadas de almendras

¼ de taza de frambuesas

Direcciones:

1. Tome un tazón grande, agregue las semillas de chía junto con la stevia y la leche de coco, revuelva hasta que se combinen y refrigere durante la noche hasta que espese.

2. Retire el pudín del refrigerador, decórelo con almendras y bayas y sirva.

<u>Información nutricional:</u>Calorías 158, grasa total 14,1 g, carbohidratos totales 6,5 g, proteínas 2 g, azúcar 3,6 g, sodio 16 mg

Porciones de ensalada de desayuno de fin de semana: 4

Tiempo de cocción: 0 minutos

Ingredientes:

Huevos, cuatro duros

limón, uno

Rúcula, diez tazas

Quinua, una taza cocida y enfriada

Aceite de oliva, dos cucharadas

Eneldo, picado, media taza

Almendras picadas, una taza

Aguacate, una rodaja grande y fina

Pepino, picado, media taza

Tomate grande cortado en cuartos

Direcciones:

1. Mezclar la quinua, el pepino, los tomates y la rúcula. Mezclar ligeramente estos ingredientes con aceite de oliva, sal y pimienta. Transfiera y coloque el huevo y el aguacate encima. Adorne cada ensalada con almendras y hierbas. Rocíe con jugo de limón.

<u>Información nutricional:</u>Calorías 336 grasa 7,7 gramos proteína 12,3 gramos carbohidratos 54,6 gramos azúcar 5,5 gramos fibra 5,2 gramos

Delicioso arroz vegetariano con queso, brócoli y coliflor.

Porciones: 2

Tiempo de cocción: 7 minutos

Ingredientes:

½ taza de floretes de brócoli, con arroz

1½ tazas de floretes de coliflor, con arroz

cucharadita de ajo en polvo

cucharadita de sal

¼ cucharadita de pimienta negra triturada

1/8 cucharadita de nuez moscada molida

½ cucharada de mantequilla sin sal

1/8 taza de mascarpone

¼ de taza de queso cheddar fuerte rallado

Direcciones:

1. Tome un tazón mediano resistente al calor, agregue todos los ingredientes excepto el mascarpone y el queso cheddar y revuelva hasta que se combinen.

2. Coloque el recipiente en el microondas, cocínelo a temperatura alta durante 5 minutos, luego agregue el queso y continúe cocinando durante 2 minutos.

3. Agrega el queso mascarpone al bol, revuelve hasta que la mezcla esté cremosa y sirve inmediatamente.

Información nutricional:Calorías 138, grasa total 9,8 g, carbohidratos totales 6,6 g, proteínas 7,5 g, azúcar 2,4 g, sodio 442 mg

Porciones de tostadas mediterráneas: 2

Ingredientes:

1 ½ cucharadita. queso feta ligero desmenuzado

3 aceitunas griegas, en rodajas

puré de aguacate

1 rebanada de buen pan integral

1 cucharada. Hummus de pimiento rojo asado

3 tomates cherry, rebanados

1 huevo duro, rebanado

Direcciones:

1. Primero, tuesta el pan y cúbrelo con ¼ de aguacate triturado y 1 cucharada de hummus.

2. Añade los tomates cherry, las aceitunas, el huevo duro y el queso feta.

3. Al gusto, sazona con sal y pimienta.

Información nutricional:Calorías: 333,7, Grasas: 17 g, Carbohidratos: 33,3 g, Proteínas: 16,3 g, Azúcares:1 g, Sodio:700 mg

Ensalada de camote para el desayuno

Porciones: 2

Tiempo de cocción: 0 minutos

Ingredientes:

1 cucharada de proteína en polvo

¼ taza de arándanos

¼ de taza de frambuesas

1 plátano, pelado

1 batata, horneada, pelada y cortada en cubos

Direcciones:

1. Poner la patata en un bol y triturarla con un tenedor. Agrega el plátano y la proteína en polvo y mezcla todo bien. Agrega las bayas, mezcla y sirve frío.

2. ¡Disfruta!

Información nutricional: calorías 181, grasa 1, fibra 6, carbohidratos 8, proteínas 11

Porciones de tazas de desayuno falso Hash Brown: 8

Ingredientes:

40 g de cebolla picada

8 huevos grandes

7 ½ g de ajo en polvo

2 ½ g de pimienta

170 g de queso desnatado rallado

170 g de boniato rallado

2 ½ g de sal

Direcciones:

1. Precalienta el horno a 400 0F y prepara un molde para muffins con moldes.

2. Coloque las batatas ralladas, la cebolla, el ajo y las especias en un bol y mezcle bien antes de poner una cucharada en cada taza. Agregue un huevo grande a cada taza y continúe cocinando durante 15 minutos hasta que los huevos estén cuajados.

3. Sirva fresco o guárdelo.

Información nutricional:Calorías: 143, Grasas: 9,1 g, Carbohidratos: 6 g, Proteínas: 9 g, Azúcares: 0 g, Sodio: 290 mg

Porciones de tortilla de espinacas y champiñones: 2

Ingredientes:

2 cucharadas. Aceite de oliva

2 huevos enteros

3 habitaciones. espinacas, frescas

Spray para cocinar

10 champiñones Bella pequeños, rebanados

8 cucharadas Cebolla morada en rodajas

4 claras de huevo

2 onzas. queso de cabra

Direcciones:

1. Coloca una sartén a fuego medio-alto y agrega las aceitunas.

2. Agregue las cebollas moradas en rodajas a la sartén y revuelva hasta que estén transparentes.

Luego, agrega los champiñones a la sartén y continúa revolviendo hasta que estén ligeramente dorados.

3. Agregue las espinacas y revuelva hasta que se ablanden. Sazona con un poco de pimienta y sal. Retirar del fuego.

4. Rocíe una cacerola pequeña con aceite en aerosol y colóquela a fuego medio.

5. Rompe 2 huevos enteros en un tazón pequeño. Agrega 4 claras de huevo y bate para combinar.

6. Vierta los huevos batidos en la sartén pequeña y deje reposar la mezcla por un minuto.

7. Utilice una espátula para recorrer suavemente los bordes de la sartén.

Levante la sartén e inclínela hacia abajo y alrededor en forma circular para permitir que los huevos líquidos lleguen al centro y se cocinen alrededor de los bordes de la sartén.

8. Agrega queso de cabra desmenuzado a un lado de la parte superior de la tortilla con la mezcla de champiñones.

9. A continuación, doble suavemente el otro lado de la tortilla hacia el lado de los champiñones con la espátula.

10. Dejar cocer treinta segundos. Luego transfiera la tortilla a un plato.

Información nutricional: Calorías: 412, Grasas: 29 g, Carbohidratos: 18 g, Proteínas: 25 g, Azúcares: 7 g, Sodio: 1000 mg

Wraps de lechuga con pollo y verduras

Porciones: 2

Tiempo de cocción: 15 minutos

Ingredientes:

½ cucharada de mantequilla sin sal

libra de pollo molido

1/8 taza de calabacín, picado

¼ de pimiento verde, sin semillas y picado

1/8 taza de calabaza amarilla, picada

¼ de cebolla mediana, picada

½ cucharadita de ajo picado

Pimienta negra recién molida, al gusto

¼ cucharadita de curry en polvo

½ cucharada de salsa de soja

2 hojas grandes de lechuga

½ taza de parmesano rallado

Direcciones:

1. Toma una sartén, colócala a fuego medio, agrega la mantequilla y el pollo, desmenúzalo y cocina por unos 5 minutos hasta que el pollo ya no esté rosado.

2. Luego agregue el calabacín, el pimiento, la cebolla y el ajo a la sartén, revuelva hasta que se combinen y cocine por 5 minutos.

3. Luego sazone con pimienta negra y curry en polvo, rocíe con salsa de soja, revuelva bien y continúe cocinando durante 5 minutos, reserve hasta que sea necesario.

4. Arma los wraps distribuyendo la mezcla de pollo uniformemente sobre cada hoja de lechuga, luego decora con queso y sirve.

5. Para preparar la comida, coloque la mezcla de pollo en un recipiente hermético y refrigérelo hasta por dos días.

6. Cuando esté listo para comer, recalienta la mezcla de pollo en el microondas hasta que esté caliente, luego agrégala a las hojas de lechuga y sirve.

Información nutricional:Calorías 71, grasa total 6,7 g, carbohidratos totales 4,2 g, proteínas 4,8 g, azúcar 30,5 g, sodio 142 mg

Tazón de plátano y canela cremoso Porciones: 1

Tiempo de cocción: 3 minutos

Ingredientes:

1 plátano grande, maduro

¼ cucharadita de canela molida

Una pizca de sal marina celta

2 cucharadas de mantequilla de coco, derretida

Toppings de tu elección: frutas, semillas o frutos secosDirecciones:

1. Triture el plátano en un tazón. Agrega la canela y la sal marina celta. Poner a un lado.

2. Calentar la mantequilla de coco en una cacerola colocada a fuego lento.

Vierte la mantequilla caliente sobre la mezcla de plátano.

3. Para servir, decora con tu fruta, semilla o nuez favorita.

Información nutricional:Calorías 564 Grasas: 18,8 g Proteínas: 28,2 g Sodio: 230 mg Carbohidratos totales: 58,2 g Fibra dietética: 15,9 g

Buen cereal de arándano y canela Porciones: 2

Tiempo de cocción: 35 minutos

Ingredientes:

1 taza de cereal (a elegir entre amaranto, trigo sarraceno o quinua) 2 ½ tazas de agua de coco o leche de almendras

1 rama de canela

2 dientes enteros

1 vaina de anís estrellado (opcional)

Fruta fresca: manzanas, moras, arándanos, peras o caquis

Sirope de arce (opcional)

Direcciones:

1. Ponga a hervir los granos, el agua de coco y las especias en una cacerola. Cubra, luego reduzca el fuego a medio-bajo. Deje hervir a fuego lento durante 25 minutos.

2. Para servir, deseche las especias y decore con rodajas de fruta. Si lo desea, rocíe con jarabe de arce.

Información nutricional: Calorías 628 Grasas: 20,9 g Proteínas: 31,4 g Sodio: 96 mg Carbohidratos totales: 112,3 g Fibra dietética: 33,8 g

Tortilla de Desayuno Porciones: 2

Tiempo de cocción: 10 minutos

Ingredientes:

2 huevos batidos

1 tallo de cebolla verde, picada

½ taza de champiñones, rebanados

1 pimiento rojo, cortado en cubitos

1 cucharadita de condimento de hierbas

Direcciones:

1. Batir los huevos en un bol. Incorpora el resto de los ingredientes.

2. Vierta la mezcla de huevo en una fuente para horno pequeña. Agregue la sartén a la canasta de la freidora.

3. Cocine en la canasta de la freidora a 350 grados F durante 10 minutos.

<u>Información nutricional:</u>Calorías 210 Carbohidratos: 5 g Grasas: 14 g Proteínas: 15 g

Porciones de pan de sándwich integral: 12

Tiempo de cocción: 3 horas, 20 minutos

Ingredientes:

Harina de trigo integral blanca – 3,5 tazas

Aceite de oliva virgen extra – 0,25 taza

Pasta de dátil – 0,25 taza

Leche de tu elección, caliente – 1.125 tazas

Sal marina - 1,25 cucharaditas

Levadura seca activa – 2,5 cucharaditas

Direcciones:

1. Prepare un molde para pan de nueve por cinco pulgadas cubriéndolo con papel pergamino y luego engrasándolo ligeramente.

2. En una fuente grande de cocina, mezcle todos los ingredientes con una espátula. Una vez combinado, deja reposar el contenido durante treinta minutos.

3. Comience a amasar la masa hasta que esté suave, elástica y maleable.

unos siete minutos. Puedes amasar a mano, pero usar una batidora de pie y un gancho para amasar es el método más sencillo.

4. Con la masa amasada en el recipiente para mezclar que usó anteriormente, cubra el recipiente para mezclar con plástico de cocina o un paño limpio y húmedo en un lugar cálido para que suba hasta que duplique su volumen, aproximadamente una o dos horas.

5. Golpea suavemente la masa y dale forma de tronco antes de colocarla en el molde para pan preparado. Cubre la sartén con el plástico o toalla usado anteriormente y déjala reposar en el espacio cálido hasta que haya duplicado su tamaño, una o dos horas más.

6. Cuando el pan casi haya terminado de crecer, caliente el horno a 350 grados Fahrenheit.

7. Retire la cubierta del pan cocido y colóquelo en el medio del horno tibio. Coloca con cuidado papel de aluminio sobre el pan sin desinflarlo, para evitar que se dore demasiado rápido. Deje que el pan se hornee de esta manera durante treinta y cinco a cuarenta minutos antes de quitar el papel de aluminio y continuar horneando el pan durante veinte minutos. El pan estará listo cuando tenga un hermoso color dorado y suene hueco al golpearlo.

8. Deje que el pan integral se enfríe en el molde durante cinco minutos antes de retirarlo del metal y transferirlo a una rejilla para que termine de enfriarse. Deja que el pan se enfríe por completo antes de cortarlo.

Gyros de pollo desmenuzado

Ingredientes:

2 cebollas medianas, rebanadas

6 dientes de ajo, picados

1 cucharadita de saborizante de limón y pimienta

1 cucharadita de orégano seco

1/2 cucharadita de pimienta de Jamaica molida

1/2 taza de agua

1/2 taza de jugo de limón

1/4 taza de vinagre de vino tinto

2 cucharadas de aceite de oliva

2 libras de pechugas de pollo deshuesadas y sin piel

8 panes pita enteros

Acompañamientos discrecionales: salsa tzatziki, lechuga romana desmenuzada y tomate, pepino y cebolla picados

Direcciones:

1. En una botella de 3 cuartos. olla de cocción lenta, combine las 9 guarniciones iniciales; incluir pollo. Cocine, seguro, a temperatura baja durante 3 a 4 horas o hasta que el pollo esté tierno (un termómetro debe marcar al menos 165°).

2. Retire el pollo de la olla de cocción lenta moderada. Ralla con 2 tenedores; Regrese a la olla de cocción lenta. Con unas pinzas, coloque la mezcla de pollo sobre los panes de pita. Presentar con guarniciones.

Porciones de sopa de camote: 6

Tiempo de cocción: 15 minutos

Ingredientes:

2 cucharadas de aceite de oliva

1 cebolla mediana, picada

1 lata de chiles verdes

1 cucharadita de comino molido

1 cucharadita de jengibre molido

1 cucharadita de sal marina

4 tazas de batatas, peladas y picadas 4 tazas de caldo de verduras orgánico bajo en sodio 2 cucharadas de cilantro fresco, picado

6 cucharadas de yogur griego

Direcciones:

1. Calienta el aceite de oliva a fuego medio en una olla grande. Agrega la cebolla y saltea hasta que esté suave. Agrega los chiles verdes y los condimentos y cocina por 2 minutos.

2. Añade las batatas y el caldo de verduras y deja hervir.

3. Deje cocinar a fuego lento durante 15 minutos.

4. Agrega el cilantro picado.

5. Licue la mitad de la sopa hasta que quede suave. Regrésalo a la olla con el resto de la sopa.

6. Sazone con sal marina adicional si lo desea y cubra con una cucharada de yogur griego.

Información nutricional: Carbohidratos totales 33 g Fibra dietética: 5 g Proteínas: 6 g Grasa total: 5 g Calorías: 192

Tazones de burrito de quinua:

1 fórmula Cilantro Lima Quinua

Para los frijoles negros:

1 lata de frijoles negros

1 cucharadita de comino molido

1 cucharadita de orégano seco

sal al gusto

Para el pico de gallo de tomate cherry:

1 16 onzas de tomates cherry o uva secos, cortados en cuartos 1/2 taza de cebolla morada picada

1 cucharada de chile jalapeño picado (sin costillas ni semillas, en cualquier momento)

1/2 taza de cilantro crujiente partido

2 cucharadas de jugo de lima

sal al gusto

Para las fijaciones:

cortar jalapeños secos

1 aguacate, cortado en cubitos

Direcciones:

1. Preparar la quinua con cilantro y lima y mantener caliente.

2. En un recipiente pequeño para salsa, combine los frijoles negros y su jugo con el comino y el orégano a fuego medio. Revuelva periódicamente hasta que los frijoles estén calientes. Pruebe y agregue sal al gusto.

3. Consolidar los elementos para el tomate cherry pico de gallo en un bowl y desechar bien.

4. Para preparar los tazones de burrito, divida la quinua con cilantro y lima entre cuatro platos. Incluye una cuarta parte de los frijoles negros en cada uno. Adorne con pico de gallo de tomate cherry, jalapeños encurtidos picados y aguacate.

¡Agradecer!

5. Nota:

6. Todos los componentes de estos platos se pueden preparar temprano y combinarlos cuando estén listos para comer. Puedes recalentar la quinua y los frijoles o disfrutarlos a temperatura ambiente. Me gusta crear segmentos a lo largo de la semana para poder disfrutar de tazones de burrito de quinua para el almuerzo durante la semana.

Broccolini de almendras Porciones: 6

Tiempo de cocción: 5 minutos

Ingredientes:

1 pimiento rojo fresco, sin semillas y finamente picado 2 floretes de broccolini, recortados

1 cucharada de aceite de oliva virgen extra

2 dientes de ajo, en rodajas finas

1/4 taza de almendras naturales, picadas groseramente

2 cucharaditas de ralladura de limón finamente rallada

4 anchoas en aceite, picadas

Un chorrito de jugo de limón fresco

Direcciones:

1. Precalentar un poco de aceite en una sartén. Añade 2 cucharaditas de ralladura de limón, las anchoas escurridas, la guindilla finamente picada y los guantes en rodajas finas.

Cocine durante unos 30 segundos, revolviendo constantemente.

2. Agregue 1/4 taza de almendras picadas en trozos grandes y cocine por un minuto.

Apagar el fuego y agregar jugo de limón por encima.

3. Coloque la cesta vaporera sobre una cacerola con agua hirviendo. Agrega el broccolini a una canasta y tapa.

4. Cocine hasta que estén tiernos y crujientes, aproximadamente de 3 a 4 minutos. Escurrir y luego transferir al plato para servir.

5. ¡Adorna con la mezcla de almendras y disfruta!

Información nutricional: 414 calorías 6,6 g de grasa 1,6 g de carbohidratos totales 5,4 g de proteína

Plato de quinua:

1/2 taza de quinua, seca

2 cucharadas de aguacate o aceite de coco

2 dientes de ajo machacados

1/2 taza de maíz, enlatado o solidificado

3 pimientos grandes, rebanados

1/2 chile jalapeño mediano, sin semillas y picado 1 cucharada de comino

Envase de 15 oz de frijoles negros, enjuagados y gastados 1 taza de cilantro, finamente picado y dividido 1/2 taza de cebollas verdes, finamente picadas y divididas 2 tazas de queso cheddar Tex Mex, destrozado y separado 3/4 taza de leche de coco enlatada

1/4 cucharadita de sal

Direcciones:

1. Cocine la quinua según las instrucciones del paquete y guárdela en un lugar seguro. Precaliente la parrilla a 350 grados F.

2. Precalienta una cacerola de barro antiadherente grande a fuego medio y remueve el aceite hasta cubrirla. Incluya el ajo y cocine por 30 segundos, revolviendo ocasionalmente. Incluya maíz, chiles, jalapeños y comino.

Mezclar y sofreír sin tocar durante 3 minutos, mezclar nuevamente y sofreír durante otros 3 minutos.

3. Transfiera a un tazón grande con la quinua cocida, los frijoles negros, 3/4 taza de cilantro, 1/4 taza de cebollas verdes, 1/2 taza de queso cheddar, leche de coco y sal. Mezcle bien, transfiera a un plato de preparación de 8 x 11, espolvoree con la 1/2 taza de queso cheddar restante y caliente durante 30 minutos al descubierto.

4. Retirar de la parrilla, espolvorear con 1/4 taza de cilantro y 1/4 taza de cebollas verdes. Servir caliente

Porciones de ensalada de huevo Clean Eating: 2

Tiempo de cocción: 0 minutos

Ingredientes:

6 huevos de pastoreo orgánicos, duros

1 abogado

¼ de taza de yogur griego

2 cucharadas de mayonesa de aceite de oliva

1 cucharadita de eneldo fresco

Sal marina al gusto

Lechuga para servir

Direcciones:

1. Triture los huevos duros y el aguacate.

2. Añade el yogur griego, la mayonesa de aceite de oliva y el eneldo fresco.

3. Sazone con sal marina. Servir sobre una cama de lechuga.

Información nutricional:Carbohidratos totales 18 g Fibra dietética: 10 g Proteínas: 23 g Grasa total: 38 g Calorías: 486

Porciones de chile con frijoles blancos: 4

Tiempo de cocción: 20 minutos

Ingredientes:

¼ de taza de aceite de oliva virgen extra

2 cebollas pequeñas, cortadas en dados de ¼ de pulgada

2 tallos de apio, en rodajas finas

2 zanahorias pequeñas, peladas y cortadas en rodajas finas

2 dientes de ajo, picados

2 cucharaditas de comino molido

1½ cucharaditas de orégano seco

1 cucharadita de sal

¼ de cucharadita de pimienta negra recién molida

3 tazas de caldo de verduras

1 lata (15½ onzas) de frijoles blancos, escurridos y enjuagados ¼ de perejil fresco de hoja plana finamente picado

2 cucharaditas de ralladura de limón rallada o picada

Direcciones:

1. Calienta el aceite en una olla a fuego alto.

2. Agregue las cebollas, el apio, las zanahorias y el ajo y saltee hasta que se ablanden, de 5 a 8 minutos.

3. Agregue el comino, el orégano, la sal y la pimienta y saltee para tostar las especias, aproximadamente 1 minuto.

4. Poner el caldo y hervir.

5. Llevar a fuego lento, agregar los frijoles y cocinar, parcialmente tapados y revolviendo ocasionalmente, durante 5 minutos para que se desarrollen los sabores.

6. Mezclar el perejil y la ralladura de limón y servir.

<u>Información nutricional:</u>Calorías 300 Grasa total: 15 g Carbohidratos totales: 32 g Azúcar: 4 g Fibra: 12 g Proteína: 12 g Sodio: 1183 mg

Porciones de atún con limón: 4

Tiempo de cocción: 18 minutos

Ingredientes:

4 filetes de atún

1 cucharada de aceite de oliva

½ cucharadita de pimentón ahumado

¼ de cucharadita de granos de pimienta negra, triturados

Jugo de 1 limón

4 cebollas verdes, picadas

1 cucharada de cebollino, picado

Direcciones:

1. Calienta una sartén con el aceite a fuego medio-alto, agrega las cebolletas y sofríe por 2 minutos.

2. Agrega los filetes de atún y dóralos durante 2 minutos por cada lado.

3. Agrega el resto de los ingredientes, mezcla suavemente, introduce el molde en el horno y hornea a 360 grados F por 12 minutos.

4. Divida todo en platos y sirva para el almuerzo.

Información nutricional: calorías 324, grasa 1, fibra 2, carbohidratos 17, proteínas 22

Tilapia con Espárragos y Calabaza Bellota

Porciones: 4

Tiempo de cocción: 30 minutos

Ingredientes:

2 cucharadas de aceite de oliva virgen extra

1 calabaza bellota mediana, sin semillas y en rodajas finas o 1 libra de gajos de espárragos, sin extremos leñosos y cortados en trozos de 2 pulgadas

1 chalota grande, picada

Filetes de tilapia de una libra

½ taza de vino blanco

1 cucharada de perejil fresco picado 1 cucharadita de sal

¼ de cucharadita de pimienta negra recién molida

Direcciones:

1. Precaliente el horno a 400°F. Engrasa la bandeja para hornear con aceite.

2. Coloque la calabaza, los espárragos y la chalota en una sola capa sobre la bandeja para hornear. Ase en 8 a 10 minutos.

3. Poner la tilapia y agregar el vino.

4. Espolvorea con perejil, sal y pimienta.

5. Ase en 15 minutos. Retirar, dejar reposar durante 5 minutos y servir.

<u>Información nutricional:</u>Calorías 246 Grasa total: 8 g Carbohidratos totales: 17 g Azúcar: 2 g Fibra: 4 g Proteína: 25 g Sodio: 639 mg

Guarnición de pollo al horno con aceitunas, tomates y albahaca

Porciones: 4

Tiempo de cocción: 45 minutos

Ingredientes:

8 muslos de pollo

Tomates italianos pequeños

1 cucharada de pimienta negra y sal

1 cucharada de aceite de oliva

15 hojas de albahaca (grandes)

aceitunas negras pequeñas

1-2 hojuelas de pimiento rojo fresco

Direcciones:

1. Marinar los trozos de pollo con todas las especias y aceite de oliva y dejar reposar un rato.

2. Ensamble los trozos de pollo en una sartén con borde con tomates, hojas de albahaca, aceitunas y hojuelas de chile.

3. Cocine este pollo en un horno ya precalentado (a 220C) durante 40 minutos.

4. Cocine hasta que el pollo esté tierno y los tomates, la albahaca y las aceitunas cocidos.

5. Adorne con perejil fresco y ralladura de limón.

Información nutricional:Calorías 304 Carbohidratos: 18 g Grasas: 7 g Proteínas: 41 g

Porciones de pisto: 8

Tiempo de cocción: 25 minutos

Ingredientes:

1 calabacín, mediano y cortado en cubitos

3 cucharadas aceite de oliva virgen extra

2 pimientos, cortados en cubitos

1 calabaza amarilla, mediana y cortada en cubitos

1 cebolla, grande y cortada en cubitos

28 onzas de tomates enteros, pelados

1 berenjena, mediana y cortada en cubitos con piel y sal y pimienta, si es necesario

4 ramitas de tomillo fresco

5 dientes de ajo, picados

Direcciones:

1. Para comenzar, calienta una sartén grande a fuego medio-alto.

2. Una vez caliente, añade el aceite, la cebolla y el ajo.

3. Saltee la mezcla de cebolla de 3 a 5 minutos o hasta que se ablande.

4. A continuación, añade a la sartén la berenjena, la pimienta, el tomillo y la sal. Mezclar bien.

5. Ahora cocina por otros 5 minutos o hasta que la berenjena se ablande.

6. Luego, agregue los calabacines, los pimientos y la calabaza a la sartén y continúe cocinando por 5 minutos más. Luego agrega los tomates y mezcla bien.

7. Una vez añadido todo, revuelve bien hasta que todo se junte. Dejar cocer a fuego lento durante 15 minutos.

8. Por último, revisa la sazón y agrega más sal y pimienta si es necesario.

9. Adorne con perejil y pimienta negra molida.

<u>Información nutricional:</u>Calorías: 103 Kcal Proteínas: 2 g Carbohidratos: 12 g Grasas: 5 g

Porciones de sopa de pollo y albóndigas: 4

Tiempo de cocción: 30 minutos

Ingredientes:

2 libras de pechuga de pollo, sin piel, deshuesada y en rodajas finas 2 cucharadas de cilantro picado

2 huevos batidos

1 diente de ajo, picado

¼ de taza de cebollas verdes, picadas

1 cebolla amarilla, picada

1 zanahoria, en rodajas

1 cucharada de aceite de oliva

5 tazas de caldo de pollo

1 cucharada de perejil, picado

Una pizca de sal y pimienta negra

Direcciones:

1. En un bol mezclar la carne con los huevos y los demás ingredientes excepto el aceite, la cebolla amarilla, el caldo y el perejil, mezclar y formar albóndigas medianas con esta mezcla.

2. Calentar un sartén con el aceite a fuego medio, agregar la cebolla amarilla y las albóndigas y sofreír por 5 minutos.

3. Agrega el resto de los ingredientes, mezcla, lleva a ebullición y cocina a fuego medio por 25 minutos más.

4. Sirva la sopa en tazones y sirva.

Información nutricional:calorías 200, grasa 2, fibra 2, carbohidratos 14, proteínas 12

Ensalada De Repollo Naranja Con Vinagreta De Cítricos

Porciones: 8

Tiempo de cocción: 0 minutos

Ingredientes:

1 cucharadita de ralladura de naranja, rallada

2 cucharadas de caldo de verduras reducido en sodio 1 cucharadita cada una de vinagre de sidra de manzana

4 tazas de repollo rojo, rallado

1 cucharadita de jugo de limón

1 bulbo de hinojo, en rodajas finas

1 cucharadita de vinagre balsámico

1 cucharadita de vinagre de frambuesa

2 cucharadas de jugo de naranja fresco

2 naranjas, peladas y cortadas en trozos

1 cucharada de miel

1/4 cucharadita de sal

Pimienta recién molida

4 cucharaditas de aceite de oliva

Direcciones:

1. Coloque en un bol el jugo de limón, la ralladura de naranja, el vinagre de sidra, la sal y la pimienta, el caldo, el aceite, la miel, el jugo de naranja, el vinagre balsámico y la frambuesa y bata.

2. Extraer las naranjas, el hinojo y la col. Mezcle para cubrir.

Información nutricional:Calorías 70 Carbohidratos: 14 g Grasas: 0 g Proteínas: 1 g

Porciones de tempeh y tubérculos: 4

Tiempo de cocción: 30 minutos

Ingredientes:

1 cucharada de aceite de oliva virgen extra

1 camote grande, cortado en cubitos

2 zanahorias, en rodajas finas

1 bulbo de hinojo, recortado y cortado en dados de 1/2 pulgada 2 cucharaditas de jengibre fresco picado

1 diente de ajo, picado

12 onzas de tempeh, cortado en dados de ½ pulgada

½ taza de caldo de verduras

1 cucharada de tamari o salsa de soja sin gluten 2 cebollas verdes, en rodajas finas

Direcciones:

1. Precaliente el horno a 400°F. Engrasa una bandeja para hornear con el aceite.

2. Coloque la batata, las zanahorias, el hinojo, el jengibre y el ajo en una sola capa sobre la bandeja para hornear.

3. Hornee hasta que las verduras se ablanden, aproximadamente 15 minutos.

4. Agrega el tempeh, el caldo y el tamari.

5. Cocine nuevamente hasta que el tempeh esté caliente y ligeramente dorado, de 10 a 15 minutos.

6. Agrega las cebolletas, mezcla bien y sirve.

<u>Información nutricional:</u>Calorías 276 Grasa total: 13 g Carbohidratos totales: 26 g Azúcar: 5 g Fibra: 4 g Proteína: 19 g Sodio: 397 mg

Porciones de sopa verde: 2

Tiempo de cocción: 5 minutos

Ingredientes:

1 taza de agua

1 taza de espinacas, frescas y envasadas

½ de 1 limón, pelado

1 calabacín, pequeño y picado

2 cucharadas. Perejil, fresco y picado

1 tallo de apio, picado

Sal marina y pimienta negra, según sea necesario.

½ de 1 aguacate, maduro

¼ taza de albahaca

2 cucharadas. Semillas de chia

1 diente de ajo, picado

Direcciones:

1. Para hacer esta sopa fácil de licuar, coloque todos los ingredientes en una licuadora de alta velocidad y licue durante 3 minutos o hasta que quede suave.

2. Luego puedes servirlo frío o recalentarlo a fuego lento durante unos minutos.

Información nutricional:Calorías: 250 Kcal Proteínas: 6,9 g Carbohidratos: 18,4 g Grasas: 18,1 g

Ingredientes del pan de pizza de pepperoni:

1 porción (1 libra) de mezcla de pan solidificada, descongelada 2 huevos grandes, aislados

1 cucharada de queso parmesano molido

1 cucharada de aceite de oliva

1 cucharadita de perejil crujiente picado

1 cucharadita de orégano seco

1/2 cucharadita de ajo en polvo

1/4 cucharadita de pimienta

8 onzas de pepperoni picado

2 tazas de queso mozzarella semidescremado rallado 1 lata (4 onzas) de tallos y trozos de champiñones, agotados 1/4 a 1/2 taza de rodajas de pimiento seco

1 pimiento verde mediano, cortado en cubitos

1 lata (2-1/4 onzas) de aceitunas ya cortadas

1 lata (15 onzas) de salsa para pizza

Direcciones:

1. Precaliente la estufa a 350°. En una bandeja para hornear engrasada, coloque la masa en un molde de 15 x 10 pulgadas. forma cuadrada. En un tazón pequeño, combine las yemas de huevo, el queso parmesano, el aceite, el perejil, el orégano, el ajo en polvo y la pimienta. Cepilla la mezcla.

2. Espolvoree con pepperoni, queso cheddar mozzarella, champiñones, rodajas de pimiento, pimiento verde y aceitunas. Muévase hacia arriba, estilo movimiento improvisado, comenzando por el lado largo; presione el pliegue para sellar y doble los acabados debajo.

3. Coloque la pieza con el pliegue hacia abajo; untar con claras de huevo.

Intenta no dejar que suba. Cocine hasta que tenga un color oscuro brillante y la mezcla esté bien cocida, de 35 a 40 minutos. Recalentar la salsa para pizza; presente con parte cortada.

4. Opción de congelación: Congele una porción de pizza sin rebanadas enfriada en papel de aluminio sin compromiso. Para usarlo, retírelo de la hielera 30 minutos antes de recalentarlo. Retirar de las costillas y recalentar la porción en una bandeja para hornear lubricada en una parrilla precalentada a 325° hasta que esté completamente caliente. Completar según lo coordinado.

Tazones para tacos de albóndigas:

Bolitas de carne:

1 libra de carne molida magra (debajo de cualquier carne molida como cerdo, pavo o pollo)

1 huevo

1/4 taza de col rizada finamente picada o hierbas crujientes como perejil o cilantro (opcional)

1 cucharadita de sal

1/2 cucharadita de pimienta negra

tazones para tacos

2 tazas de Salsa para Enchiladas (usamos productos hechos a medida) 16 albóndigas (guarniciones previamente guardadas)

2 tazas de arroz cocido, blanco u oscuro

1 aguacate, cortado

1 taza de salsa o pico de gallo adquirido localmente 1 taza de queso rallado

1 jalapeño, finamente picado (opcional)

1 cucharada de cilantro, cortado por la mitad

1 lima, cortada en cuartos

Chips de tortilla, para servir

Direcciones:

1. Hacer/Congelar

2. En un tazón grande, agregue la carne molida, los huevos, la col rizada (si la usa), sal y pimienta. Mezclar con las manos hasta que se consolide uniformemente.

Forme 16 albóndigas con una separación de aproximadamente 1 pulgada y colóquelas en una bandeja para hornear asegurada con papel de aluminio.

3. Si lo usa dentro de varios días, refrigérelo por hasta 2 días.

4. En caso de congelación, coloque la bandeja para hornear en una hielera hasta que las albóndigas estén sólidas. Pasar a una bolsa más fresca. Las albóndigas se mantendrán refrigeradas de 3 a 4 meses.

5. cocinar

6. En una cacerola mediana, lleve la salsa para enchiladas a fuego lento. Incluya las albóndigas (no hay ninguna razón de peso para descongelarlas primero si las albóndigas estaban

solidificado). Cocine las albóndigas hasta que estén bien cocidas, 12 minutos suponiendo que estén crujientes y 20 minutos cuando estén solidificadas.

7. Mientras las albóndigas hierven a fuego lento, prepara diferentes guarniciones.

8. Prepare tazones para tacos cubriendo el arroz con albóndigas y salsa, aguacate picado, salsa, queso cheddar, trozos de jalapeño y cilantro. Sirva con rodajas de limón y totopos.

Zoodles de aguacate y pesto con salmón

Porciones: 4

Tiempo de cocción: 25 minutos

Ingredientes:

1 cucharada de pesto

1 limon

2 filetes de salmón fresco/congelado

1 calabacín grande, en espiral

1 cucharada de pimienta negra

1 abogado

1/4 taza de parmesano rallado

condimento italiano

Direcciones:

1. Caliente el horno a 375 F. Sazone el salmón con condimento italiano, sal y pimienta y hornee por 20 minutos.

2. Agrega los aguacates al bol con una cucharada de pimienta, jugo de limón y una cucharada de pesto. Tritura los aguacates y déjalos a un lado.

3. Agregue los fideos de calabacín a un plato para servir, seguidos de la mezcla de aguacate y salmón.

4. Espolvorea con queso. Agregue más pesto si es necesario. ¡Disfrutar!

Información nutricional: 128 calorías 9,9 g de grasa 9 g de carbohidratos totales 4 g de proteína

Batatas con pollo, cúrcuma, manzana y cebolla

Porciones: 4

Tiempo de cocción: 45 minutos

Ingredientes:

2 cucharadas de mantequilla sin sal, a temperatura ambiente 2 batatas medianas

1 manzana Granny Smith grande

1 cebolla mediana, en rodajas finas

4 pechugas de pollo con hueso y piel

1 cucharadita de sal

1 cucharadita de cúrcuma

1 cucharadita de salvia seca

¼ de cucharadita de pimienta negra recién molida

1 taza de sidra de manzana, vino blanco o caldo de pollo<u>Direcciones:</u>

1. Precaliente el horno a 400°F. Engrasa la bandeja para hornear con mantequilla.

2. Coloque las batatas, la manzana y la cebolla en una sola capa sobre la bandeja para hornear.

3. Coloque el pollo con la piel hacia arriba y sazone con sal, cúrcuma, salvia y pimienta. Agrega la sidra.

4. Ase en 35 a 40 minutos. Retirar, dejar reposar 5 minutos y servir.

Información nutricional:Calorías 386 Grasa total: 12 g Carbohidratos totales: 26 g Azúcar: 10 g Fibra: 4 g Proteína: 44 g Sodio: 932 mg

Porciones de filete de salmón chamuscado con hierbas: 4

Tiempo de cocción: 5 minutos

Ingredientes:

1 libra de filete de salmón, enjuagado 1/8 cucharadita. pimienta de cayena 1 cucharadita. cucharadita de chile en polvo

½ cucharadita de comino

2 dientes de ajo, picados

1 cucharada de aceite de oliva

cucharadita de sal

1 cucharadita de pimienta negra recién molida

Direcciones:

1. Precaliente el horno a 350 grados F.

2. En un tazón, combine la pimienta de cayena, el chile en polvo, el comino, la sal y la pimienta negra. Poner a un lado.

3. Rocíe el filete de salmón con aceite de oliva. Frote por ambos lados. Frote el ajo y la mezcla de especias preparada. Dejar reposar 10 minutos.

4. Después de dejar que los sabores se mezclen, prepara un molde apto para horno.

Calentar el aceite de oliva. Una vez caliente, sazona el salmón durante 4 minutos por ambos lados.

5. Transfiera la sartén al horno. Hornee por 10 minutos. Atender.

<u>Información nutricional:</u>Calorías 210 Carbohidratos: 0 g Grasas: 14 g Proteínas: 19 g

Porciones de tofu y verduras italianas de verano: 4

Tiempo de cocción: 20 minutos

Ingredientes:

2 calabacines grandes, cortados en rodajas de ¼ de pulgada

2 calabazas de verano grandes, cortadas en rodajas de 1 pulgada de grosor 1 libra de tofu firme, cortado en dados de 1 pulgada

1 taza de caldo de verduras o agua

3 cucharadas de aceite de oliva virgen extra

2 dientes de ajo, rebanados

1 cucharadita de sal

1 cucharadita de condimento de hierbas italiano

¼ de cucharadita de pimienta negra recién molida

1 cucharada de albahaca fresca picada

Direcciones:

1. Precaliente el horno a 400°F.

2. Combine el calabacín, el tofu, el caldo, el aceite, el ajo, la sal, la mezcla de condimentos de hierbas italianas y la pimienta en una bandeja para hornear con borde grande y revuelva bien.

3. Ase en 20 minutos.

4. Espolvorea con albahaca y sirve.

<u>Información nutricional:</u>Calorías 213 Grasa total: 16 g Carbohidratos totales: 9 g Azúcar: 4 g Fibra: 3 g Proteína: 13 g Sodio: 806 mg

Ensalada de fresas y queso de cabra

Ingredientes

1 libra de fresas crujientes, cortadas en cubitos

Discrecional: 1 a 2 cucharaditas de néctar o jarabe de arce, al gusto 2 onzas de queso cheddar de cabra desintegrado (aproximadamente ½ taza) ¼ taza de albahaca crujiente picada, más unas cuantas hojas pequeñas de albahaca para adornar

1 cucharada de aceite de oliva virgen extra

1 cucharada de vinagre balsámico espeso*

½ cucharadita de sal marina Maldon en escamas o un año insuficiente

cucharadita de sal marina fina

Pimienta negra molida crujiente

Direcciones:

1. Extienda las fresas cortadas en cubitos en una fuente mediana o en un tazón poco profundo. En caso de que las fresas no estén lo suficientemente dulces como te gustaría, mézclalas con un toque de néctar o jarabe de arce.

2. Espolvoree el queso cheddar de cabra desintegrado sobre las fresas, seguido de la albahaca picada. Rocíe la parte superior con aceite de oliva y vinagre balsámico.

3. Pulir el plato de verduras mixtas con sal, unos trozos de pimienta negra molida crujiente y las hojas de albahaca en conserva. Para una excelente introducción, sirva rápidamente el plato de verduras mixtas.

Sin embargo, las sobras se conservan bien en el frigorífico durante unos 3 días.

Porciones de guiso de coliflor con cúrcuma y bacalao: 4

Tiempo de cocción: 30 minutos

Ingredientes:

½ libra de floretes de coliflor

1 libra de filetes de bacalao, deshuesados, sin piel y en cubos 1 cucharada de aceite de oliva

1 cebolla amarilla, picada

½ cucharadita de semillas de comino

1 chile verde, picado

cucharadita de cúrcuma en polvo

2 tomates picados

Una pizca de sal y pimienta negra

½ taza de caldo de pollo

1 cucharada de cilantro, picado

Direcciones:

1. Calienta una sartén con el aceite a fuego medio, agrega la cebolla, el ají, el comino y la cúrcuma, revuelve y cocina por 5 minutos.

2. Agrega la coliflor, el pescado y los demás ingredientes, mezcla, lleva a ebullición y cocina a fuego medio por 25 minutos más.

3. Divida el guiso en tazones y sirva.

Información nutricional:calorías 281, grasa 6, fibra 4, carbohidratos 8, proteína 12

Porciones de Delicias de Nueces y Espárragos: 4

Tiempo de cocción: 5 minutos

Ingredientes:

1 y ½ cucharadas de aceite de oliva

¾ libra de espárragos, recortados

¼ de taza de nueces picadas

Semillas de girasol y pimienta al gusto.

Direcciones:

1. Coloca una sartén a fuego medio, agrega aceite de oliva y deja calentar.

2. Agrega los espárragos y saltea durante 5 minutos hasta que estén dorados.

3. Sazone con semillas de girasol y pimienta.

4. Retire el fuego.

5. Agrega las nueces y mezcla.

Información nutricional: Calorías: 124 Grasas: 12 g Carbohidratos: 2 g Proteínas: 3 g

Ingredientes de la pasta Alfredo de calabacín:

2 calabacines medianos en espiral

1-2 TB de parmesano vegano (opcional)

Salsa Alfredo Rápida

1/2 taza de anacardos crudos remojados por unas horas o en agua hirviendo durante 10 minutos

2 cucharadas de jugo de limón

3 TB de levadura nutritiva

2 cucharaditas de miso blanco (puede ser sub tamari, salsa de soja o aminoácidos de coco)

1 cucharadita de cebolla en polvo

1/2 cucharadita de ajo en polvo

1/4-1/2 taza de agua

Direcciones:

1. Haga espirales con los fideos de calabacín.

2. Agregue todas las guarniciones Alfredo a una licuadora de alta velocidad (comenzando con 1/4 taza de agua) y mezcle hasta que quede suave. En caso de que tu salsa quede muy espesa, agrega más agua una cucharada a la vez hasta lograr la consistencia que buscas.

3. Cubra los fideos de calabacín con salsa Alfredo y, si lo desea, un carrito de verduras.

Ingredientes del pollo con pavo y quinua:

1 taza de quinua, enjuagada

3-1/2 tazas de agua, aislada

1/2 libra de pavo molido magro

1 cebolla dulce grande, picada

1 pimiento rojo dulce mediano, en rodajas

4 dientes de ajo, picados

1 cucharada de guiso de frijoles en polvo

1 cucharada de comino molido

1/2 cucharadita de canela molida

2 frascos (15 onzas cada uno) de frijoles negros, enjuagados y gastados 1 lata (28 onzas) de tomates triturados

1 calabacín mediano, cortado en tiras

1 chile chipotle en adobo, cortado en tiras

1 cucharada de salsa de adobo

1 hoja encogida

1 cucharadita de orégano seco

1/2 cucharadita de sal

1/4 cucharadita de pimienta

1 taza de maíz solidificado, descongelado

1/4 taza de cilantro crujiente picado

Ingredientes discrecionales: aguacate en cubos, queso cheddar Monterey Jack destrozado

Direcciones:

1. En una cacerola grande, caliente la quinua y 2 tazas de agua hasta que hierva. Reducir el fuego; extienda y cocine a fuego lento durante 12 a 15 minutos o hasta que se retenga agua. Expulsar el calor; adelgazar con un tenedor y guardar en un lugar seguro.

2. A continuación, en una sartén grande forrada con ducha de cocción, cocina el pavo, la cebolla, el pimiento rojo y el ajo a fuego medio hasta que la carne ya no esté rosada y las verduras estén tiernas; canal. Agrega el guiso de frijoles en polvo, el comino y la canela; cocine 2 minutos más.

Cuando lo desee, presente con aderezos discrecionales.

3. Agregue los frijoles negros, los tomates, las calabacitas, el chile chipotle, la salsa de adobo, las hojas saludables, el orégano, la sal, la pimienta y el agua restante.

Calentar hasta que hierva. Reducir el fuego; extender y cocinar a fuego lento durante 30

minutos. Agrega el maíz y la quinua; calentar a través. Eliminar la hoja estrecha; Incorpora el cilantro. Presente con fijaciones discrecionales según lo desee.

4. Alternativa de congelación: Congele el guiso liofilizado en compartimentos más fríos.

Para utilizarlo, descongelar incompletamente en el frigorífico a medio plazo. Vuelva a calentar en una cacerola, revolviendo ocasionalmente; Incluya jugos o agua si es necesario.

Porciones de fideos con ajo y calabaza: 4

Tiempo de cocción: 15 minutos

Ingredientes:

Para preparar la salsa

taza de leche de coco

6 grandes citas

2/3 g de coco rallado

6 dientes de ajo

2 cucharadas de pasta de jengibre

2 cucharadas de pasta de curry rojo

para preparar fideos

1 tallarines grandes de calabaza

½ zanahoria cortada en juliana

½ calabacín cortado en juliana

1 pimiento rojo pequeño

¼ de taza de anacardos

Direcciones:

1. Para hacer la salsa, mezclar todos los ingredientes y hacer un puré espeso.

2. Cortar la calabaza espagueti a lo largo y hacer fideos.

3. Unte ligeramente la bandeja para hornear con aceite de oliva y cocine los fideos de calabaza a 40°C durante 5-6 minutos.

4. Para servir, combine los fideos y haga puré en un tazón. O servir el puré con los fideos.

Información nutricional:Calorías 405 Carbohidratos: 107 g Grasas: 28 g Proteínas: 7 g

Trucha al vapor con frijoles rojos y salsa de chile Tamaño de porción: 1

Tiempo de cocción: 16 minutos

Ingredientes:

4 ½ onzas de tomates cherry, cortados por la mitad

1/4 aguacate, sin pelar

6 oz de filete de trucha marina sin piel

Hojas de cilantro para servir.

2 cucharaditas de aceite de oliva

Gajos de lima, para servir

4 ½ oz de frijoles enlatados, enjuagados y escurridos 1/2 cebolla morada, cortada en rodajas finas

1 cucharada de chiles jalapeños marinados, escurridos

1/2 cucharadita de comino molido

4 aceitunas sicilianas/aceitunas verdes

Direcciones:

1. Coloque una canasta vaporera sobre una olla con agua hirviendo. Agrega el pescado a la canasta y tapa, cocina por 10-12 minutos.

2. Retire el pescado y déjelo reposar unos minutos. Mientras tanto, precalienta un poco de aceite en una sartén.

3. Agregue los jalapeños encurtidos, los frijoles, las aceitunas, 1/2 cucharadita de comino y los tomates cherry. Cocine durante unos 4 a 5 minutos, revolviendo continuamente.

4. Vierta la pasta de frijoles en una fuente para servir, seguida de la trucha.

Agrega el cilantro y la cebolla encima.

5. Sirva con rodajas de lima y aguacate. ¡Disfruta de la trucha marina al vapor con salsa de frijoles rojos y chile!

Información nutricional:243 calorías 33,2 g de grasa 18,8 g de carbohidratos totales 44 g de proteína

Porciones de sopa de camote y pavo: 4

Tiempo de cocción: 45 minutos

Ingredientes:

2 cucharadas de aceite de oliva

1 cebolla amarilla, picada

1 pimiento verde, picado

2 batatas, peladas y cortadas en cubos

1 libra de pechuga de pavo, sin piel, deshuesada y en cubos 1 cucharadita de cilantro molido

Una pizca de sal y pimienta negra

1 cucharadita de pimentón dulce

6 tazas de caldo de pollo

Zumo de 1 lima

Un puñado de perejil picado

Direcciones:

1. Calienta una sartén con el aceite a fuego medio, agrega la cebolla, el pimiento y el camote, revuelve y cocina por 5 minutos.

2. Agrega la carne y dora por 5 minutos más.

3. Agrega el resto de los ingredientes, mezcla, lleva a ebullición y cocina a fuego medio por 35 minutos más.

4. Sirva la sopa en tazones y sirva.

Información nutricional:calorías 203, grasas 5, fibra 4, carbohidratos 7, proteínas 8

Salmón a la parrilla con miso Porciones: 2

Tiempo de cocción: 20 minutos

Ingredientes:

2 cucharadas. Jarabe de arce

2 limones

¼ de taza de miso

vs. Pimienta molida

2 limas

2 ½ libras de salmón, con piel

Una pizca de pimienta de cayena

2 cucharadas. aceite de oliva virgen extra

¼ de taza de miso

Direcciones:

1. Primero, mezcle el jugo de lima y el jugo de limón en un tazón pequeño hasta que estén bien combinados.

2. A continuación, añade el miso, la pimienta de cayena, el sirope de arce, el aceite de oliva y la pimienta. Mezclar bien.

3. A continuación, coloque el salmón en una bandeja para hornear forrada con papel pergamino, con la piel hacia abajo.

4. Unte generosamente el salmón con la mezcla de miso y limón.

5. Ahora coloque los trozos de limón y lima cortados por la mitad a los lados con el lado cortado hacia arriba.

6. Finalmente, cocínalos de 8 a 12 minutos o hasta que el pescado se desmorone.

Información nutricional:Calorías: 230 Kcal Proteínas: 28,3 g Carbohidratos: 6,7 g Grasas: 8,7 g

Raciones de filete de hojaldre simplemente salteado: 6

Tiempo de cocción: 8 minutos

Ingredientes:

6 filetes de tilapia

2 cucharadas de aceite de oliva

1 trozo de limón, jugo

Sal y pimienta para probar

taza de perejil o cilantro, picado

Direcciones:

1. Saltee los filetes de tilapia con aceite de oliva en una sartén mediana a fuego medio. Cocine durante 4 minutos por cada lado hasta que el pescado se desmenuce fácilmente con un tenedor.

2. Agrega sal y pimienta al gusto. Vierta el jugo de limón sobre cada filete.

3. Para servir, espolvoree los filetes cocidos con perejil o cilantro picado.

Información nutricional: Calorías: 249 Grasas calóricas: 8,3 g Proteínas: 18,6 g Carbohidratos: 25,9

Fibra: 1g

Sopa de Pescado Blanco con Verduras

Porciones: 6 a 8

Tiempo de cocción: 32 a 35 minutos

Ingredientes:

3 batatas, peladas y cortadas en trozos de ½ pulgada 4 zanahorias, peladas y cortadas en trozos de ½ pulgada 3 tazas de leche de coco entera

2 tazas de agua

1 cucharadita de tomillo seco

½ cucharadita de sal marina

10 ½ onzas (298 g) de pescado blanco firme y sin piel, como bacalao o fletán, cortado en trozos

Direcciones:

1. Agregue las batatas, las zanahorias, la leche de coco, el agua, el tomillo y la sal marina a una cacerola grande a fuego alto y deje hervir.

2. Reduzca el fuego a bajo, cubra y cocine a fuego lento durante 20 minutos hasta que las verduras estén tiernas, revolviendo ocasionalmente.

3. Vierta la mitad de la sopa en una licuadora y haga puré hasta que esté bien mezclado y suave, luego regrese a la olla.

4. Agrega los trozos de pescado y continúa cocinando por otros 12

15 minutos o hasta que el pescado esté bien cocido.

5. Retirar del fuego y servir en tazones.

Información nutricional:calorías: 450; grasa: 28,7 g; proteína: 14,2 g; carbohidratos: 38,8 g; fibra: 8,1 g; azúcar: 6,7 g; sodio: 250 mg

Raciones de mejillones al limón: 4

Ingredientes:

1 cucharada. aceite de oliva virgen extra virgen extra 2 dientes de ajo picados

2 libras. mejillones lavados

Jugo de un limon

Direcciones:

1. Poner agua en una cacerola, agregar los mejillones, llevar a ebullición a fuego medio, cocinar por 5 minutos, desechar los mejillones sin abrir y transferirlos a un bol.

2. En otro bol combinar el aceite con el ajo y el zumo de limón recién exprimido, batir bien y añadir a los mejillones, mezclar y servir.

3. ¡Disfruta!

Información nutricional:Calorías: 140, Grasas: 4 g, Carbohidratos: 8 g, Proteínas: 8 g, Azúcares: 4 g, Sodio: 600 mg,

Salmón, lima y chile Porciones: 2

Tiempo de cocción: 8 minutos

Ingredientes:

1 libra de salmón

1 cucharada de jugo de lima

½ cucharadita de pimienta

½ cucharadita de chile en polvo

4 rodajas de lima

Direcciones:

1. Rocíe el salmón con jugo de lima.
2. Espolvorea ambos lados con pimienta y chile en polvo.
3. Agregue el salmón a la freidora.
4. Coloca las rodajas de lima sobre el salmón.
5. Freír al aire a 375 grados F durante 8 minutos.

Porciones de pasta de atún con queso: 3-4

Ingredientes:

2 habitaciones. Cohete

vs. cebollas verdes picadas

1 cucharada. vinagre rojo

5 onzas de atún enlatado, escurrido

vs. pimienta negra

2 onzas. pasta integral cocida

1 cucharada. aceite de oliva

1 cucharada. parmesano rallado bajo en grasa

Direcciones:

1. Cocine la pasta en agua sin sal hasta que esté lista. Escurrir y reservar.

2. En un bol grande, mezcle bien el atún, las cebolletas, el vinagre, el aceite, la rúcula, la pasta y la pimienta negra.

3. Mezclar bien y decorar con queso.

4. Sirve y disfruta.

Información nutricional:Calorías: 566,3 Grasas: 42,4 g Carbohidratos: 18,6 g Proteínas: 29,8 g Azúcares: 0,4 g Sodio: 688,6 mg

Porciones de tiras de pescado con costra de coco: 4

Tiempo de cocción: 12 minutos

Ingredientes:

Escabeche

1 cucharada de salsa de soja

1 cucharadita de jengibre molido

½ taza de leche de coco

2 cucharadas de jarabe de arce

½ taza de jugo de piña

2 cucharaditas de salsa picante

Pez

1 libra de filete de pescado, cortado en tiras

Pimienta al gusto

1 taza de pan rallado

1 taza de hojuelas de coco (sin azúcar)

Spray para cocinar

Direcciones:

1. Mezcle los ingredientes de la marinada en un bol.

2. Incorporar las tiras de pescado.

3. Cubra y refrigere por 2 horas.

4. Precaliente su freidora a 375 grados F.

5. En un tazón, combine la pimienta, el pan rallado y las hojuelas de coco.

6. Sumerja las tiras de pescado en la mezcla de pan rallado.

7. Rocíe la canasta de su freidora con aceite.

8. Agregue las tiras de pescado a la canasta de la freidora.

9. Freír al aire durante 6 minutos por cada lado.

Porciones de pescado mexicano: 2

Tiempo de cocción: 10 minutos

Ingredientes:

4 filetes de pescado

2 cucharaditas de orégano mexicano

4 cucharaditas de comino

4 cucharaditas de chile en polvo

Pimienta al gusto

Aerosol de vivienda

Direcciones:

1. Precaliente su freidora a 400 grados F.

2. Rociar el pescado con aceite.

3. Sazone ambos lados del pescado con especias y pimienta.

4. Coloque el pescado en la canasta de la freidora.

5. Cocine por 5 minutos.

6. Voltee y cocine por otros 5 minutos.

Trucha con Salsa de Pepino Porciones: 4

Tiempo de cocción: 10 minutos

Ingredientes:

salsa:

1 pepino inglés, cortado en cubitos

¼ de taza de yogur de coco sin azúcar

2 cucharadas de menta fresca picada

1 cebolla verde, partes blanca y verde, picada

1 cucharadita de miel cruda

Sal de mar

Pez:

4 filetes de trucha (5 onzas), secos

1 cucharada de aceite de oliva

Sal marina y pimienta negra recién molida al gusto.<u>Direcciones:</u>

1. Prepare la salsa: revuelva el yogur, el pepino, la menta, las cebolletas, la miel y la sal marina en un tazón pequeño hasta que estén completamente combinados. Poner a un lado.

2. Sobre una superficie de trabajo limpia, frote ligeramente los filetes de trucha con sal marina y pimienta.

3. Calienta el aceite de oliva en una sartén grande a fuego medio. Agrega los filetes de trucha a la sartén caliente y fríe durante unos 10 minutos, volteando el pescado a mitad de la cocción o hasta que el pescado esté cocido a tu gusto.

4. Unte la salsa sobre el pescado y sirva.

Información nutricional:calorías: 328; grasa: 16,2 g; proteína: 38,9 g; carbohidratos: 6,1 g

; fibra: 1,0 g; azúcar: 3,2 g; sodio: 477 mg

Zoodles de limón con camarones Porciones: 4

Tiempo de cocción: 0 minutos

Ingredientes:

Salsa:

½ taza de hojas de albahaca frescas empacadas

Jugo de 1 limón (o 3 cucharadas)

1 cucharadita de ajo picado embotellado

pizca de sal marina

Una pizca de pimienta negra recién molida

¼ de taza de leche de coco entera en lata

1 calabaza amarilla grande, cortada en juliana o en espiral 1 calabacín grande, en juliana o en espiral

454 g (1 libra) de camarones, desvenados, hervidos, pelados y refrigerados Ralladura de 1 limón (opcional)

Direcciones:

1. Prepara la salsa: Procesa las hojas de albahaca, el jugo de limón, el ajo, la sal marina y la pimienta en un procesador de alimentos hasta que estén bien picados.

2. Vierta lentamente la leche de coco mientras el procesador está funcionando. Pulse hasta que quede suave.

3. Transfiera la salsa a un bol grande, con la calabaza amarilla y el calabacín. Mezclar bien.

4. Unte los camarones y la ralladura de limón (si lo desea) sobre los fideos. Servir inmediatamente.

Información nutricional:calorías: 246; grasa: 13,1 g; proteína: 28,2 g; carbohidratos: 4,9 g

; fibra: 2,0 g; azúcar: 2,8 g; sodio: 139 mg

Porciones de camarones crujientes: 4

Tiempo de cocción: 3 minutos

Ingredientes:

1 libra de camarones, pelados y desvenados

½ taza de mezcla para empanizar pescado

Spray para cocinar

Direcciones:

1. Precaliente su freidora a 390 grados F.

2. Rocíe los camarones con aceite.

3. Cubra con la mezcla para empanizar.

4. Rocíe la canasta de la freidora con aceite.

5. Agregue los camarones a la canasta de la freidora.

6. Cocine por 3 minutos.

Porciones de lubina a la plancha: 2

Ingredientes:

2 dientes de ajo, picados

Pimienta.

1 cucharada. zumo de limón

2 filetes de lubina blanca

vs. mezcla de condimentos de hierbas

Direcciones:

1. Rociar una fuente para asar con un poco de aceite de oliva y colocar en ella los filetes.

2. Espolvoree jugo de limón, ajo y especias sobre los filetes.

3. Ase durante unos 10 minutos o hasta que el pescado esté dorado.

4. Sirva sobre una cama de espinacas salteadas si lo desea.

Información nutricional: Calorías: 169, Grasas: 9,3 g, Carbohidratos: 0,34 g, Proteínas: 15,3

g, Azúcares:0,2 g, Sodio:323 mg

Porciones de hamburguesas de salmón: 4

Tiempo de cocción: 10 minutos

Ingredientes:

Spray para cocinar

1 libra de filete de salmón, desmenuzado

¼ taza de harina de almendras

2 cucharaditas de condimento Old Bay

1 cebolla verde, picada

Direcciones:

1. Precaliente su freidora a 390 grados F.

2. Rocíe la canasta de su freidora con aceite.

3. En un bol, mezcle los ingredientes restantes.

4. Forme hamburguesas con la mezcla.

5. Rocíe ambos lados de las hamburguesas con aceite.

6. Freír al aire durante 8 minutos.

Raciones de bacalao picante: 4

Ingredientes:

2 cucharadas. Perejil fresco picado

2 libras. filetes de bacalao

2 habitaciones. salsa baja en sodio

1 cucharada. aceite sin sabor

Direcciones:

1. Precalienta el horno a 350°F.

2. En una fuente para horno grande, rocíe el fondo con un chorrito de aceite.

Disponer los filetes de bacalao en la fuente. Vierta la salsa sobre el pescado. Cubrir con papel aluminio durante 20 minutos. Retire el papel de aluminio durante los últimos 10 minutos de cocción.

3. Hornee durante 20 a 30 minutos, hasta que el pescado esté escamoso.

4. Sirva con arroz blanco o integral. Adorne con perejil.

Información nutricional: Calorías: 110, Grasas: 11 g, Carbohidratos: 83 g, Proteínas: 16,5 g, Azúcares: 0 g, Sodio: 122 mg

Porciones de untable de trucha ahumada: 2

Ingredientes:

2 cucharaditas. Jugo de limón fresco

½ cucharadita requesón bajo en grasa

1 tallo de apio, cortado en cubitos

¼ libra de filete de trucha ahumada sin piel,

½ cucharadita salsa inglesa

1 taza salsa de chile

vs. cebolla morada picada en trozos grandes

Direcciones:

1. Combine la trucha, el requesón, la cebolla morada, el jugo de limón, la salsa picante y la salsa inglesa en una licuadora o procesador de alimentos.

2. Licue hasta que quede suave, deteniéndose para raspar los lados del tazón según sea necesario.

3. Agrega el apio cortado en cubitos.

4. Guárdelo en un recipiente hermético en el refrigerador.

Información nutricional: Calorías: 57, Grasas: 4 g, Carbohidratos: 1 g, Proteínas: 4 g, Azúcares: 0 g, Sodio: 660 mg

Porciones de atún y chalotas: 4

Ingredientes:

½ cucharadita caldo de pollo bajo en sodio

1 cucharada. aceite de oliva

4 filetes de atún deshuesados y sin piel

2 chalotas picadas

1 taza pimentón dulce

2 cucharadas. jugo de lima

vs. pimienta negra

Direcciones:

1. Calentar una sartén con el aceite a fuego medio-alto, agregar las chalotas y sofreír durante 3 minutos.

2. Agrega el pescado y cocina durante 4 minutos por cada lado.

3. Agrega el resto de los ingredientes, cocina por 3 minutos más, divide en platos y sirve.

<u>Información nutricional:</u>Calorías: 4040, Grasas: 34,6 g, Carbohidratos: 3 g, Proteínas: 21,4 g, Azúcares: 0,5 g, Sodio: 1000 mg

Camarones con pimienta al limón Porciones: 2

Tiempo de cocción: 10 minutos

Ingredientes:

1 cucharada de jugo de limón

1 cucharada de aceite de oliva

1 cucharadita de pimienta de limón

¼ cucharadita de ajo en polvo

cucharadita de pimentón

12 onzas de camarones, pelados y desvenados

Direcciones:

1. Precaliente su freidora a 400 grados F.

2. Mezcle el jugo de limón, el aceite de oliva, la pimienta limón, el ajo en polvo y el pimentón en un bol.

3. Agrega los camarones y cúbrelos uniformemente con la mezcla.

4. Agregue a la freidora.

5. Cocine por 8 minutos.

Porciones de filete de atún caliente: 6

Ingredientes:

2 cucharadas. Jugo de limón fresco

Pimienta.

Mayonesa de ajo y naranja asada

vs. granos de pimienta negra enteros

6 filetes de atún en rodajas

2 cucharadas. aceite de oliva virgen extra

La sal

Direcciones:

1. Colocar el atún en un bol a su medida. Agrega el aceite, el jugo de limón, la sal y la pimienta. Voltear el atún para cubrirlo bien con la marinada. Dejar reposar de 15 a 20

minutos, volteando una vez.

2. Coloca los granos de pimienta en una doble capa de bolsas de plástico. Golpee los granos de pimienta con una cacerola de fondo grueso o un mazo pequeño para triturarlos. Colocar en un plato grande.

3. Cuando esté listo para cocinar el atún, sumerja los bordes en los granos de pimienta triturados. Calienta una sartén antiadherente a fuego medio. Dorar los filetes de atún, en tandas si es necesario, durante 4 minutos por lado para pescado medio cocido, agregando de 2 a 3 cucharadas de marinada a la sartén si es necesario, para evitar que se peguen.

4. Sirva cubierto con mayonesa de naranja y ajo asado.<u>Información nutricional:</u>Calorías: 124, Grasas: 0,4 g, Carbohidratos: 0,6 g, Proteínas: 28 g, Azúcares: 0 g, Sodio: 77 mg

Porciones de salmón cajún: 2

Tiempo de cocción: 10 minutos

Ingredientes:

2 filetes de salmón

Spray para cocinar

1 cucharada de condimento cajún

1 cucharada de miel

Direcciones:

1. Precaliente su freidora a 390 grados F.
2. Rocíe ambos lados del pescado con aceite.
3. Espolvoree con condimento cajún.
4. Rocíe la canasta de la freidora con aceite.
5. Agregue el salmón a la canasta de la freidora.
6. Freír al aire durante 10 minutos.

Bowl de salmón con quinoa y verduras

Porciones: 4

Tiempo de cocción: 0 minutos

Ingredientes:

454 g (1 libra) de salmón cocido, desmenuzado

4 tazas de quinua cocida

6 rábanos, en rodajas finas

1 calabacín, cortado en medias lunas

3 tazas de rúcula

3 cebollas verdes, en rodajas

½ taza de aceite de almendras

1 cucharadita de salsa picante sin azúcar

1 cucharada de vinagre de manzana

1 cucharadita de sal marina

½ taza de almendras tostadas en hojuelas, para decorar (opcional)Direcciones:

1. En un tazón grande, combine el salmón desmenuzado, la quinua cocida, los rábanos, el calabacín, la rúcula y las cebolletas y mezcle bien.

2. Agregue el aceite de almendras, la salsa picante, el vinagre de sidra de manzana y la sal marina y mezcle.

3. Divida la mezcla en cuatro tazones. Distribuya uniformemente cada tazón con las almendras en hojuelas para decorar, si lo desea. Servir inmediatamente.

Información nutricional:calorías: 769; grasa: 51,6 g; proteína: 37,2 g; carbohidratos: 44,8 g; fibra: 8,0 g; azúcar: 4,0 g; sodio: 681 mg

Porciones de pescado empanizado: 4

Tiempo de cocción: 15 minutos

Ingredientes:

¼ taza de aceite de oliva

1 taza de pan rallado seco

4 filetes de pescado blanco

Pimienta al gusto

Direcciones:

1. Precaliente su freidora a 350 grados F.
2. Espolvorea ambos lados del pescado con pimienta.
3. Mezclar el aceite y el pan rallado en un bol.
4. Sumerge el pescado en la mezcla.
5. Presione el pan rallado para que se adhiera.
6. Coloque el pescado en la freidora.
7. Cocine por 15 minutos.

Porciones de hamburguesas individuales de salmón: 4

Tiempo de cocción: 8 a 10 minutos

Ingredientes:

1 libra (454 g) de filetes de salmón deshuesados y sin piel, en rodajas finas ¼ de taza de cebolla dulce, en rodajas finas

½ taza de harina de almendras

2 dientes de ajo, picados

2 huevos batidos

1 cucharadita de mostaza Dijon

1 cucharada de jugo de limón recién exprimido

Una pizca de hojuelas de pimiento rojo

½ cucharadita de sal marina

¼ de cucharadita de pimienta negra recién molida

1 cucharada de aceite de aguacate

Direcciones:

1. Combine el salmón en rodajas, la cebolla dulce, la harina de almendras, el ajo, los huevos batidos, la mostaza, el jugo de limón, las hojuelas de pimiento rojo, la sal marina y la pimienta en un tazón grande y revuelva hasta que estén bien incorporados.

2. Deje reposar la mezcla de salmón durante 5 minutos.

3. Retire la mezcla de salmón y forme cuatro hamburguesas de ½ pulgada de grosor con las manos.

4. Calienta el aceite de aguacate en una sartén grande a fuego medio. Agregue las hamburguesas a la sartén caliente y cocine por cada lado durante 4 a 5 minutos hasta que estén ligeramente doradas y bien cocidas.

5. Retirar del fuego y servir en un plato.

Información nutricional:calorías: 248; grasa: 13,4 g; proteína: 28,4 g; carbohidratos: 4,1 g

; fibra: 2,0 g; azúcar: 2,0 g; sodio: 443 mg

Porciones de camarones palomitas de maíz: 4

Tiempo de cocción: 10 minutos

Ingredientes:

½ cucharadita de cebolla en polvo

½ cucharadita de ajo en polvo

½ cucharadita de pimentón

¼ cucharadita de mostaza molida

⅛ cucharadita de salvia seca

⅛ cucharadita de tomillo molido

⅛ cucharadita de orégano seco

⅛ cucharadita de albahaca seca

Pimienta al gusto

3 cucharadas de maicena

1 libra de camarones, pelados y desvenados

Spray para cocinar

Direcciones:

1. Mezcle todos los ingredientes excepto los camarones en un bol.

2. Cubra los camarones con la mezcla.

3. Rocíe aceite sobre la canasta de la freidora.

4. Precaliente su freidora a 390 grados F.

5. Agrega los camarones al interior.

6. Freír al aire durante 4 minutos.

7. Agite la canasta.

8. Cocine por otros 5 minutos.

Porciones de pescado al horno picante: 5

Ingredientes:

1 cucharada. aceite de oliva

1 taza condimento sin sal especiada

1 libra de filete de salmón

Direcciones:

1. Precaliente el horno a 350F.

2. Rocíe el pescado con aceite de oliva y condimente.

3. Hornee por 15 minutos descubierto.

4. Cortar y servir.

Información nutricional:Calorías: 192, Grasas: 11 g, Carbohidratos: 14,9 g, Proteínas: 33,1 g, Azúcares: 0,3 g, Sodio: 505 6 mg

Porciones de atún al pimentón: 4

Ingredientes:

½ cucharadita chile en polvo

2 cucharaditas. pimentón dulce

vs. pimienta negra

2 cucharadas. aceite de oliva

4 filetes de atún deshuesados

Direcciones:

1. Calienta una sartén con el aceite a fuego medio-alto, agrega los filetes de atún, sazona con pimentón, pimienta negra y chile en polvo, cocina por 5 minutos por cada lado, divide en platos y sirve con una ensalada.

Información nutricional:Calorías: 455, Grasas: 20,6 g, Carbohidratos: 0,8 g, Proteínas: 63,8

g, Azúcares: 7,4 g, Sodio: 411 mg

Porciones de croquetas de pescado: 2

Tiempo de cocción: 7 minutos

Ingredientes:

8 onzas de filete de pescado blanco, desmenuzado

Ajo en polvo al gusto

1 cucharadita de jugo de limón

Direcciones:

1. Precaliente su freidora a 390 grados F.

2. Combine todos los ingredientes.

3. Forme hamburguesas con la mezcla.

4. Coloque las croquetas de pescado en la freidora.

5. Cocine por 7 minutos.

Vieiras fritas con miel Porciones: 4

Tiempo de cocción: 15 minutos

Ingredientes:

454 g (1 libra) de vieiras grandes, enjuagadas y secas con una pizca de sal marina

Una pizca de pimienta negra recién molida

2 cucharadas de aceite de aguacate

¼ taza de miel cruda

3 cucharadas de aminoácidos de coco

1 cucharada de vinagre de manzana

2 dientes de ajo, picados

Direcciones:

1. En un bol, agregue las vieiras, la sal marina y la pimienta y revuelva hasta que estén bien cubiertas.

2. En una sartén grande, calienta el aceite de aguacate a fuego medio-alto.

3. Dorar las vieiras durante 2 a 3 minutos por cada lado o hasta que adquieran un color blanco lechoso u opacas y firmes.

4. Retire las vieiras del fuego y colóquelas en un plato y cúbralas sin apretar con papel de aluminio para mantenerlas calientes. Poner a un lado.

5. Añade la miel, los aminoácidos de coco, el vinagre y el ajo a la sartén y revuelve bien.

6. Llevar a ebullición y cocinar durante unos 7 minutos hasta que se reduzca el líquido, revolviendo ocasionalmente.

7. Regrese las vieiras chamuscadas a la sartén, revolviendo para cubrirlas con el glaseado.

8. Divida las vieiras en cuatro platos y sírvalas calientes.

Información nutricional:calorías: 382; grasa: 18,9 g; proteína: 21,2 g; carbohidratos: 26,1 g; fibra: 1,0 g; azúcar: 17,7 g; sodio: 496 mg

Filetes de bacalao con setas shiitake Raciones: 4

Tiempo de cocción: 15 a 18 minutos

Ingredientes:

1 diente de ajo, picado

1 puerro, en rodajas finas

1 cucharadita de raíz de jengibre fresca picada

1 cucharada de aceite de oliva

½ taza de vino blanco seco

½ taza de hongos shiitake rebanados

4 filetes de bacalao (6 onzas / 170 g)

1 cucharadita de sal marina

⅛ cucharadita de pimienta negra recién molida

Direcciones:

1. Precalienta el horno a 375ºF (190ºC).

2. Combine el ajo, el puerro, la raíz de jengibre, el vino, el aceite de oliva y los champiñones en una fuente para horno y revuelva hasta que los champiñones estén cubiertos uniformemente.

3. Hornee en el horno precalentado durante 10 minutos hasta que se dore ligeramente.

4. Retire la fuente para hornear del horno. Esparcir los filetes de bacalao por encima y sazonar con sal marina y pimienta.

5. Cubrir con papel aluminio y regresar al horno. Hornee de 5 a 8

minutos más o hasta que el pescado esté escamoso.

6. Retire el papel aluminio y déjelo enfriar durante 5 minutos antes de servir.

Información nutricional:calorías: 166; grasa: 6,9 g; proteína: 21,2 g; carbohidratos: 4,8 g; fibra: 1,0 g; azúcar: 1,0 g; sodio: 857 mg

Porciones de lubina blanca a la plancha: 2

Ingredientes:

1 taza Ajo picado

Pimienta negro

1 cucharada. zumo de limón

8 onzas de filetes de lubina blanca

vs. mezcla de condimentos de hierbas sin sal

Direcciones:

1. Precaliente la parrilla y coloque la rejilla a 4 pulgadas de la fuente de calor.

2. Rocíe ligeramente una fuente para hornear con aceite en aerosol. Coloca los filetes en la sartén. Espolvoree jugo de limón, ajo, condimento de hierbas y pimienta sobre los filetes.

3. Ase el pescado hasta que esté completamente opaco al probarlo con la punta de un cuchillo, aproximadamente de 8 a 10 minutos.

4. Sirva inmediatamente.

<u>Información nutricional:</u>Calorías: 114, Grasas: 2 g, Carbohidratos: 2 g, Proteínas: 21 g, Azúcares: 0,5 g, Sodio: 78 mg

Raciones de merluza con tomate al horno: 4-5

Ingredientes:

½ cucharadita salsa de tomate

1 cucharada. aceite de oliva

Perejil

2 tomates rebanados

½ cucharadita queso rallado

4 libras. merluza deshuesada y loncheada

La sal.

Direcciones:

1. Precaliente el horno a 400°F.

2. Sazone el pescado con sal.

3. En una sartén o cacerola; Saltee el pescado en aceite de oliva hasta que esté medio cocido.

4. Tome cuatro trozos de papel de aluminio para cubrir el pescado.

5. Dale forma a la hoja para que parezca contenedores; agregue salsa de tomate a cada recipiente de aluminio.

6. Agrega el pescado, las rodajas de tomate y decora con queso rallado.

7. Hornee hasta que esté dorado, durante unos 20-25

minutos.

8. Abrir los paquetes y decorar con perejil.

Información nutricional:Calorías: 265, Grasas: 15 g, Carbohidratos: 18 g, Proteínas: 22 g, Azúcares: 0,5 g, Sodio: 94,6 mg

Abadejo braseado con remolacha Porciones: 4

Tiempo de cocción: 30 minutos

Ingredientes:

8 remolachas, peladas y cortadas en octavos

2 chalotes, en rodajas finas

2 cucharadas de vinagre de manzana

2 cucharadas de aceite de oliva, dividido

1 cucharadita de ajo picado embotellado

1 cucharadita de tomillo fresco picado

pizca de sal marina

4 (5 onzas/142 g) filetes de eglefino, secos

Direcciones:

1. Precalienta el horno a 400ºF (205ºC).

2. Combine las remolachas, las chalotas, el vinagre, 1 cucharada de aceite de oliva, el ajo, el tomillo y la sal marina en un tazón mediano y revuelva para cubrir.

Extienda la mezcla de remolacha en una fuente para horno.

3. Ase en el horno precalentado durante unos 30 minutos, volteando una o dos veces con una espátula, o hasta que las remolachas estén tiernas.

4. Mientras tanto, caliente la cucharada restante de aceite de oliva en una sartén grande a fuego medio-alto.

5. Agregue el eglefino y dore por cada lado durante 4 a 5 minutos, o hasta que la pulpa esté opaca y se desmenuce fácilmente.

6. Transfiera el pescado a un plato y sírvalo adornado con remolacha asada.

<u>Información nutricional:</u>calorías: 343; grasa: 8,8 g; proteína: 38,1 g; carbohidratos: 20,9 g

; fibra: 4,0 g; azúcar: 11,5 g; sodio: 540 mg

Porciones de fondant sincero de atún: 4

Ingredientes:

3 onzas de queso cheddar bajo en grasa rallado

1/3 cucharadita. apio rallado

Pimienta negra y sal

vs. cebolla picada

2 muffins ingleses integrales

6 onzas. atún blanco escurrido

vs. ruso bajo en grasas

Direcciones:

1. Precaliente la parrilla. Mezcla el atún, el apio, la cebolla y la vinagreta.

2. Sazone con sal y pimienta.

3. Tostar las mitades de muffins ingleses.

4. Coloque el lado abierto hacia arriba en una bandeja para hornear y cubra cada uno con 1/4 de la mezcla de atún.

5. Ase durante 2-3 minutos o hasta que esté completamente caliente.

6. Cubra con queso y vuelva a asar hasta que el queso se derrita, aproximadamente 1 minuto más.

Información nutricional:Calorías: 320, Grasas: 16,7 g, Carbohidratos: 17,1 g, Proteínas: 25,7

g, Azúcares: 5,85 g, Sodio: 832 mg

Salmón Al Limón Con Lima Kaffir Porciones: 8

Ingredientes:

1 tallo de limoncillo, cortado en cuartos y machacado

2 hojas de lima kaffir, trituradas

1 limón, en rodajas

1 ½ cucharadita. hojas de cilantro fresco

1 filete de salmón entero

Direcciones:

1. Precalienta el horno a 350°F.

2. Cubra una fuente para hornear con hojas de papel de aluminio, superponiendo los lados. 3. Coloque el salmón sobre papel de aluminio, decore con limón, hojas de lima, limoncillo y 1 taza de hojas de cilantro. Opción: sazonar con sal y pimienta.

4. Lleve el lado largo de la hoja hacia el centro antes de doblar el sello.

Enrolla los extremos para cerrar el salmón.

5. Hornee por 30 minutos.

6. Transfiera el pescado cocido a un plato. Adorne con cilantro fresco.

Sirva con arroz blanco o integral.

Información nutricional:Calorías: 103, Grasas: 11,8 g, Carbohidratos: 43,5 g, Proteínas: 18 g, Azúcares: 0,7 g, Sodio: 322 mg

Salmón tierno con salsa de mostaza Porciones: 2

Ingredientes:

5 cucharadas eneldo picado

2/3 c/u. cCrea agria

Pimienta.

2 cucharadas. Mostaza de Dijon

1 taza polvo de ajo

5 onzas de filetes de salmón

2-3 cucharadas Zumo de limón

Direcciones:

1. Mezcle la crema agria, la mostaza, el jugo de limón y el eneldo.

2. Sazone los filetes con pimienta y ajo en polvo.

3. Coloque el salmón en una bandeja para hornear con la piel hacia abajo y cúbralo con la salsa de mostaza preparada.

4. Hornee por 20 minutos a 390°F.

<u>Información nutricional:</u>Calorías: 318, Grasas: 12 g, Carbohidratos: 8 g, Proteínas: 40,9 g, Azúcares: 909,4 g, Sodio: 1,4 mg

Porciones de ensalada de cangrejo: 4

Ingredientes:

2 habitaciones. carne de cangrejo

1 c/u. tomates cherry cortados por la mitad

1 cucharada. aceite de oliva

Pimienta negra

1 chalota picada

1/3 cucharadita. cilantro picado

1 cucharada. zumo de limón

Direcciones:

1. En un bol, combine el cangrejo con los tomates y los demás ingredientes, mezcle y sirva.

Información nutricional:Calorías: 54, Grasas: 3,9 g, Carbohidratos: 2,6 g, Proteínas: 2,3 g, Azúcares: 2,3 g, Sodio: 462,5 mg

Salmón Al Horno Con Salsa Miso Porciones: 4

Tiempo de cocción: 15 a 20 minutos

Ingredientes:

Salsa:

¼ de taza de sidra de manzana

taza de miso blanco

1 cucharada de aceite de oliva

1 cucharada de vinagre de arroz blanco

cucharadita de jengibre molido

4 (3 a 4 onzas / 85 a 113 g) filetes de salmón deshuesados 1 cebolla verde, en rodajas, para decorar

cucharadita de hojuelas de pimiento rojo, para decorar

Direcciones:

1. Precalienta el horno a 375ºF (190ºC).

2. Prepare la salsa: mezcle la sidra de manzana, el miso blanco, el aceite de oliva, el vinagre de arroz y el jengibre en un tazón pequeño. Agregue un poco de agua si desea una consistencia más fina.

3. Coloque los filetes de salmón en una fuente para horno, con la piel hacia abajo. Vierta la salsa preparada sobre los filetes para cubrirlos uniformemente.

4. Hornee en horno precalentado durante 15 a 20 minutos, o hasta que el pescado se desmenuce fácilmente con un tenedor.

5. Adorne con cebollas verdes en rodajas y hojuelas de pimiento rojo y sirva.

Información nutricional:calorías: 466; grasa: 18,4 g; proteína: 67,5 g; carbohidratos: 9,1 g

; fibra: 1,0 g; azúcar: 2,7 g; sodio: 819 mg

Bacalao al horno recubierto de hierbas y miel

Porciones: 2

Ingredientes:

6 cucharadas Relleno de hierbas

8 onzas de filetes de bacalao

2 cucharadas. Mi querido

Direcciones:

1. Precalienta tu horno a 375 0F.

2. Rocíe ligeramente una fuente para hornear con aceite en aerosol.

3. Poner el relleno de hierbas en una bolsa y sellar. Triture el relleno hasta que se desmorone.

4. Cubra el pescado con miel y deseche la miel restante.

Agrega un filete a la bolsa de relleno y agita suavemente para cubrir completamente el pescado.

5. Transfiera el bacalao a la fuente para horno y repita el proceso para el segundo pescado.

6. Envuelva los filetes en papel de aluminio y cocínelos hasta que estén firmes y opacos cuando los pruebe con la punta de un cuchillo, aproximadamente diez minutos.

7. Servir caliente.

<u>Información nutricional:</u>Calorías: 185, Grasas: 1 g, Carbohidratos: 23 g, Proteínas: 21 g, Azúcares: 2 g, Sodio: 144,3 mg

Porciones de mezcla de bacalao y parmesano: 4

Ingredientes:

1 cucharada. zumo de limón

½ cucharadita cebolla verde picada

4 filetes de bacalao deshuesados

3 dientes de ajo, picados

1 cucharada. aceite de oliva

½ cucharadita queso parmesano rallado bajo en grasa

Direcciones:

1. Calienta una sartén con aceite a fuego medio, agrega el ajo y la cebolla de verdeo, revuelve y saltea por 5 minutos.

2. Agrega el pescado y cocina durante 4 minutos por cada lado.

3. Agrega el jugo de limón, espolvorea con parmesano por encima, cocina por 2 minutos más, divide en platos y sirve.

Información nutricional: Calorías: 275, Grasas: 22,1 g, Carbohidratos: 18,2 g, Proteínas: 12 g, Azúcares: 0,34 g, Sodio: 285,4 mg

Porciones de camarones crujientes al ajillo: 4

Tiempo de cocción: 10 minutos

Ingredientes:

1 libra de camarones, pelados y desvenados

2 cucharaditas de ajo en polvo

Pimienta al gusto

¼ taza de harina

Spray para cocinar

Direcciones:

1. Sazone los camarones con ajo en polvo y pimienta.
2. Cubrir con harina.
3. Rocíe la canasta de su freidora con aceite.
4. Agregue los camarones a la canasta de la freidora.
5. Hornee a 400 grados F durante 10 minutos, agitando una vez a mitad de la cocción.

Porciones de mezcla cremosa para barra: 4

Ingredientes:

1 cucharada. perejil picado

2 cucharadas. aceite de aguacate

1 c/u. crema de coco

1 cucharada. jugo de lima

1 cebolla amarilla picada

vs. pimienta negra

4 filetes de lubina deshuesados

Direcciones:

1. Calentar una sartén con el aceite a fuego medio, agregar la cebolla, mezclar y sofreír por 2 minutos.

2. Agrega el pescado y cocina durante 4 minutos por cada lado.

3. Agrega el resto de los ingredientes, cocina por 4 minutos más, divide en platos y sirve.

Información nutricional:Calorías: 283, Grasas: 12,3 g, Carbohidratos: 12,5 g, Proteínas: 8 g, Azúcares: 6 g, Sodio: 508,8 mg

Ahi Poke Pepino Porciones: 4

Tiempo de cocción: 0 minutos

Ingredientes:

Ahí Poké:

1 libra (454 g) de atún ahi apto para sushi, cortado en cubos de 1 pulgada 3 cucharadas de aminoácidos de coco

3 cebollas verdes, en rodajas finas

1 chile serrano, sin semillas y picado (opcional) 1 cucharadita de aceite de oliva

1 cucharadita de vinagre de arroz

1 cucharadita de semillas de sésamo tostadas

Una pizca de jengibre molido

1 aguacate grande, cortado en cubitos

1 pepino, cortado en rodajas de ½ pulgada de grosorDirecciones:

1. Prepara el ahi poke: mezcla los cubos de atún ahi con los aminoácidos de coco, las cebollas verdes, el chile serrano (si lo deseas), el aceite de oliva, el vinagre, las semillas de sésamo y el jengibre en un tazón grande.

2. Cubrir el bol con film transparente y dejar marinar en el frigorífico durante 15

minutos.

3. Agregue el aguacate cortado en cubitos al tazón de ahi poke y revuelva para incorporar.

4. Coloque las rodajas de pepino en un plato para servir. Vierta el ahi poke sobre el pepino y sirva.

Información nutricional:calorías: 213; grasa: 15,1 g; proteína: 10,1 g; carbohidratos: 10,8 g; fibra: 4,0 g; azúcar: 0,6 g; sodio: 70 mg

Porciones de mezcla de bacalao a la menta: 4

Ingredientes:

4 filetes de bacalao deshuesados

½ cucharadita caldo de pollo bajo en sodio

2 cucharadas. aceite de oliva

vs. pimienta negra

1 cucharada. menta picada

1 cucharadita. Ralladura de limón

vs. chalota picada

1 cucharada. zumo de limón

Direcciones:

1. Calentar una sartén con el aceite a fuego medio, agregar las chalotas, revolver y sofreír durante 5 minutos.

2. Agrega el bacalao, el jugo de limón y el resto de ingredientes, lleva a ebullición y cocina a fuego medio durante 12 minutos.

3. Dividir todo en platos y servir.

Información nutricional: Calorías: 160, Grasas: 8,1 g, Carbohidratos: 2 g, Proteínas: 20,5 g, Azúcares: 8 g, Sodio: 45 mg

Porciones de tilapia al limón y cremosa: 4

Ingredientes:

2 cucharadas. Cilantro fresco picado

vs. mayonesa aliviada

Pimienta negra recién molida

vs. jugo de limon fresco

4 filetes de tilapia

½ cucharadita parmesano rallado bajo en grasa

½ cucharadita polvo de ajo

Direcciones:

1. En un bol, mezcle todos los ingredientes excepto los filetes de tilapia y el cilantro.

2. Cubra los filetes uniformemente con la mezcla de mayonesa.

3. Coloca los filetes sobre una hoja grande de papel de aluminio. Envuelva los filetes con papel de aluminio para sellarlos.

4. Coloque el paquete de papel de aluminio en el fondo de una olla de cocción lenta grande.

5. Ponga la olla de cocción lenta a fuego lento.

6. Cubra y cocine durante 3-4 horas.

7. Sirve con la guarnición de cilantro.

Información nutricional:Calorías: 133,6 Grasas: 2,4 g Carbohidratos: 4,6 g Proteínas: 22 g Azúcares: 0,9 g Sodio: 510,4 mg

Porciones de tacos de pescado: 4

Tiempo de cocción: 20 minutos

Ingredientes:

Spray para cocinar

1 cucharada de aceite de oliva

4 tazas de ensalada de col

1 cucharada de vinagre de manzana

1 cucharada de jugo de lima

Una pizca de pimienta de cayena

Pimienta al gusto

2 cucharadas de mezcla de condimentos para tacos

¼ de taza de harina para todo uso

1 libra de filete de bacalao, cortado en cubos

4 tortillas de maíz

Direcciones:

1. Precaliente su freidora a 400 grados F.

2. Rocíe la canasta de su freidora con aceite.

3. En un tazón, combine el aceite de oliva, la ensalada de col, el vinagre, el jugo de limón, la pimienta de cayena y la pimienta.

4. En otro tazón, combine el condimento para tacos y la harina.

5. Cubra los cubos de pescado con la mezcla de condimentos para tacos.

6. Agréguelos a la canasta de la freidora.

7. Freír al aire durante 10 minutos, agitando a mitad de la cocción.

8. Cubra las tortillas de maíz con la mezcla de pescado y ensalada de col y enróllelas.

Porciones de mezcla de barra de jengibre: 4

Ingredientes:

4 filetes de lubina deshuesados

2 cucharadas. aceite de oliva

1 taza jengibre rallado

1 cucharada. cilantro picado

Pimienta negra

1 cucharada. vinagre balsámico

Direcciones:

1. Calienta una sartén con el aceite a fuego medio, agrega el pescado y cocina por 5 minutos por cada lado.

2. Agrega el resto de los ingredientes, cocina todo por 5 minutos más, divide todo en platos y sirve.

Información nutricional: Calorías: 267, Grasas: 11,2 g, Carbohidratos: 1,5 g, Proteínas: 23 g, Azúcares: 0,78 g, Sodio: 321,2 mg

www.ingramcontent.com/pod-product-compliance
Lightning Source LLC
Chambersburg PA
CBHW070407120526
44590CB00014B/1297